Beiträge zum Patentrecht

Von

W. Dunkhase

Geheimer Regierungsrat und Direktor im Kaiserlichen Patentamte
zu Berlin

II

Die Neuheit der Erfindung
nach Patent- und Gebrauchsmusterrecht

Berlin und Leipzig

G. J. Göschen'sche Verlagshandlung G. m. b. H.

1913

Die Neuheit der Erfindung nach Patent- und Gebrauchsmusterrecht

Von

W. Dunkhase

Geheimer Regierungsrat und Direktor im Kaiserlichen Patentamte zu Berlin

Berlin und Leipzig

G. J. Göschen'sche Verlagshandlung G. m. b. H.

1913

Druck
der Spamerschen
Buchdruckerei in Leipzig

Übersicht

Abkürzungen

P G. = Patentgesetz
P A. = Patentamt
R G. = Reichsgericht
O L G. = Oberlandesgericht
K G. = Kammergericht
Pbl. = Patentblatt
Bl. = Blatt für Patent-, Muster- und Zeichenwesen
G R. = Gewerblicher Rechtsschutz und Urheberrecht
M. u. W. = Markenschutz und Wettbewerb

Vorwort.

Die Auslegung des § 2 des Patentgesetzes bietet namentlich für die Frage der offenkundigen Vorbenutzung besondere Schwierigkeiten. Es kommen hier so viele verschiedene, an sich beachtlich scheinende Gesichtspunkte in Betracht, daß es nicht leicht ist, den Grundgedanken der Bestimmung, von dem aus sich alle Fälle sicher und gerecht beurteilen lassen, herauszufinden. Auch die vorbildlich gewordenen Entscheidungen des Reichsgerichts, so meisterhaft sie gewöhnlich den einzelnen Fall entscheiden, stellen die Bedeutung der Bestimmung nicht vollkommen klar. Sie heben, je nach Lage des Falles, mehr die eine oder die andere Seite hervor, und ihre Begründungen sind von den im Instanzenzuge nachgeordneten Gerichten nicht selten mißverstanden worden, so daß erst in weiteren Reichsgerichtsentscheidungen falsche Auslegungen wieder richtiggestellt werden mußten. Es handelt sich hier darum, zwischen dem Interesse des Erfinders und dem Interesse der Allgemeinheit die richtige Mittelstraße zu finden. Hierzu soll die vorliegende Schrift einen Beitrag liefern. Sie ist als zweiter Beitrag zum Patentrecht bezeichnet, weil sie sich an die in zweiter Auflage erscheinende Schrift des Verfassers über die patentfähige Erfindung und das Erfinderrecht anschließt, die hiernach den ersten Beitrag bildet.

Die Bestimmung in § 2 des Patentgesetzes entspricht im wesentlichen der Bestimmung in § 1 des Gebrauchsmustergesetzes. Beide sind daher in gleichem Sinne auszulegen. Mit Rücksicht auf die große Bedeutung der Bestimmung auch für das Gebrauchsmusterrecht ist deshalb im Titel zum Ausdruck gebracht, daß die vorliegende Schrift die Neuheit der Erfindung nach Patent- und Gebrauchsmusterrecht behandelt.

I. Die Bedeutung der Neuheit.

Die Patenterteilung beruht auf dem Gedanken, daß dem Erfinder für die Förderung, die er durch seine Erfindung dem Gewerbe bringt, ein Entgelt gebührt. Es fragt sich nun, in welchem Maße es der Patenterteilung hindernd entgegensteht, daß andere Personen zur Zeit der Anmeldung von der Erfindung bereits Kenntnis haben. Es würde offenbar zu weit gehen, wenn man für die Patenterteilung das Erfordernis aufstellen wollte, daß außer dem Erfinder noch niemand von der Erfindung erfahren haben dürfte. Denn das Gewerbe kann durch die Anmeldung einer Erfindung auch dann noch gefördert werden, wenn die Erfindung außer dem Erfinder auch noch einer Reihe anderer Personen bereits bekannt ist. Sofern nämlich alle diejenigen, die die Erfindung kennen, sie geheimhalten, hat das Gewerbe in seiner Gesamtheit von ihr keinen Nutzen. Würde hier, wegen der Kenntnis mehrerer Personen von der Erfindung, der Patentschutz ausgeschlossen sein, so läge für den Erfinder auch kein Anreiz vor, seine Erfindung im Wege der Anmeldung zur öffentlichen Kenntnis zu bringen, wie es doch im Interesse des Gewerbes liegt.

Mußte hiernach der Gesetzgeber im Interesse des gesamten Gewerbes davon absehen, die absolute Neuheit der Erfindung zur Voraussetzung der Patentfähigkeit zu machen, so mußte er doch eine bestimmte Grenze festsetzen, bis zu welcher eine Erfindung neu sein muß, um unter dem Gesichtspunkte einer Förderung des Gewerbes die Erteilung eines Patents noch zu rechtfertigen.

Diese Grenze ist in § 2 des PG. bestimmt, nach welchem eine Erfindung dann nicht als neu gilt, wenn sie zur Zeit der auf Grund des Gesetzes erfolgten Anmeldung in öffentlichen Druckschriften aus den letzten hundert Jahren bereits derart beschrieben oder im Inlande bereits so offenkundig benutzt ist, daß darnach die Benutzung durch andere Sachverständige möglich erscheint.

Hiermit hat der Gesetzgeber eine besondere Art der Neuheit, eine gesetzliche Neuheit, geschaffen, die auf eine rein objektive Grundlage gestellt ist. Es sind bestimmte, leicht feststellbare Merkmale gegeben, bei deren Vorhandensein die Neuheit der Erfindung zu verneinen ist, und es ist zugleich in positiver Form gekennzeichnet, was als Gemeingut des Gewerbes anzusehen ist und sich der Patenterteilung entzieht.

Das Erfordernis der Neuheit ist damit erschöpfend geregelt. Neuheit der Erfindung liegt nur dann nicht vor, wenn die Erfindung gemäß § 2 des PG. druckschriftlich veröffentlicht oder offenkundig benutzt ist.

In gleicher Weise hat der Gesetzgeber das Erfordernis der Neuheit für das Gebrauchsmusterrecht geregelt. Der § 1 des Gebrauchsmustergesetzes vom 1. Juni 1891 bestimmt in Abs. 2:

„Modelle gelten insoweit nicht als neu, als sie zur Zeit der auf Grund dieses Gesetzes erfolgten Anmeldung bereits in öffentlichen Druckschriften beschrieben oder im Inlande offenkundig benutzt sind.“

Die Fassung ist hier weniger genau als im Patentgesetz. Es steht indessen außer Zweifel, daß beide Gesetze, abgesehen von der dem Gebrauchsmustergesetz fehlenden Fristbestimmung, die gleiche Regelung enthalten.

Bei unseren Ausführungen halten wir uns an die Bestimmung des Patentgesetzes. Alles, was von dieser gilt, gilt auch von der Neuheit des Gebrauchsmusters. In gleicher Weise sind die ergangenen gerichtlichen Entscheidungen für beide Gesetze von gleicher Bedeutung[1]).

---

[1]) Über die Neuheit als Voraussetzung der Patentfähigkeit der Erfindung vgl. d. Verfassers „Patentfähige Erfindung und Erfinderrecht“ S. 21 fg. und S. 30 fg. und „Die Prüfung der Erfindung auf Patentfähigkeit“ S. 32 fg. u. S. 36 fg.

II. Die druckschriftliche Veröffentlichung.

Die druckschriftliche Veröffentlichung, die in den letzten hundert Jahren vor der Anmeldung der Erfindung erfolgt ist, nimmt der Erfindung ihre Neuheit. Dabei ist es ohne Bedeutung, ob die Druckschrift im Inlande oder im Auslande erschienen ist. Denn die Leichtigkeit der Verbreitung von Druckschriften und der stete Austausch von geistigen Gütern im internationalen Verkehr, der hauptsächlich durch Druckschriften vermittelt wird, verbietet es, zwischen inländischen und ausländischen Druckschriften einen Unterschied zu machen.

Die druckschriftliche Veröffentlichung der Erfindung ist patenthindernd; denn eine Kenntnis, die so leicht zugänglich ist, daß sie sogar aus öffentlichen Druckschriften zu entnehmen ist, braucht das Gewerbe nicht erst mit dem Opfer eines Patents zu erkaufen. Würde hier noch ein Patent erteilt, so würde ja die der Patenterteilung folgende Veröffentlichung der gedruckten Patentschrift nur den Gegenstand des Patentschutzes feststellen, im übrigen aber nichts Neues bringen, sie würde lediglich eine Wiederholung der nur in anderer Form und von anderer Stelle aus erfolgten früheren druckschriftlichen Veröffentlichung bilden, ohne die Technik zu bereichern.

Ob die druckschriftliche Veröffentlichung mit Zustimmung des Erfinders oder gegen seinen Willen erfolgte, ist belanglos, da nicht der Gesichtspunkt des Verzichts, sondern die druckschriftliche Veröffentlichung in ihrer rein tatsächlichen Bedeutung die Patenterteilung hindert. Auch wenn der Erfinder nachweislich im Begriffe stand, die Anmeldung einzureichen und die vorbereitenden Schritte dazu bereits getan hatte, ein anderer aber, dem er vertraulich von der Erfindung Kenntnis gegeben hatte, rechtswidrig die Veröffentlichung veranlaßt, ist damit für die Patenterteilung der Weg verlegt. Der Erfinder bringt durch seine Anmeldung dem Gewerbe keine Förderung mehr; er mag sich wegen des erlittenen Schadens an den Verletzer halten.

Hat der Erfinder die druckschriftliche Veröffentlichung selbst veranlaßt, so mag hierbei unter Umständen wohl ein

Verzicht des Erfinders auf Patenterteilung vorliegen, insofern es der Wille des Erfinders ist, die Erfindung ungeschmälert der Allgemeinheit zugute kommen zu lassen; dieser Verzicht hat als solcher aber keine rechtliche Bedeutung.

Die druckschriftliche Vervielfältigung erfolgt in der Regel durch die Buchdruckerpresse. Es genügt indessen eine jede Vervielfältigung, die auf mechanischem oder chemischem Wege erfolgt.

Auch gedruckte Zeichnungen oder Photographien[2]) sind neuheitsschädliche Druckschriften, wenn das Wesen der Erfindung aus ihnen, sei es allein, sei es in Verbindung mit dem begleitenden Drucktexte, für einen Sachverständigen ersichtlich ist.

In welcher Sprache die Druckschrift erschienen ist, ist ohne Bedeutung, vorausgesetzt, daß die Sprache für irgendwelche Sachverständige verständlich ist.

Die Erfindung muß durch die Druckschrift veröffentlicht sein, d. h. die Druckschrift, in welcher die Erfindung beschrieben ist, muß nicht nur bestimmten einzelnen Personen, sondern beliebigen Personen, wenn auch nicht gerade jedermann, zugänglich sein.

Druckschriften, die im Buchhandel erschienen oder in öffentlichen Bibliotheken[3]) zugänglich oder öffentlich verteilt oder durch Zirkular an einen unbegrenzten Kreis von Personen versandt sind[4]), gelten als öffentlich.

Ein besonders wichtiges Material für die Prüfung auf Neuheit bilden die inländischen und ausländischen Patentschriften. Dagegen ist die Auslegung von Patentanmeldungen und Gebrauchsmusteranmeldungen zur öffentlichen Einsicht in der Auslegehalle des Patentamts keine neuheitsschädliche Veröffentlichung[5]), weil es hier an dem Erfordernisse der Druckschrift fehlt, während allerdings die druckschriftliche Ver-

---

[2]) Pbl. 1883 S. 43.

[3]) Pbl. 1886 S. 21.

[4]) Pbl. 1883 S. 86.

[5]) Bl. 1908 S. 28 PA., Bl. 1909 S. 11 PA. Mißverständlich Bl. 1905 S. 184 RG.

öffentlichung der Titel im Reichsanzeiger neuheitsschädlich ist, sofern das Wesen der Erfindung aus dem Titel für einen Sachverständigen ersichtlich ist.

Die in § 2 Abs. 2 des PG. hinsichtlich der ausländischen Patentschriften getroffene Bestimmung hat keine praktische Bedeutung erlangt, weil die dabei vorgesehene Bekanntmachung nicht erlassen und somit die Bedingung für die Anwendung der Bestimmung nicht erfüllt ist.

III. Die offenkundige Vorbenutzung.

Wie von uns zum Erfordernis der Neuheit im allgemeinen schon ausgeführt wurde, steht es der Patenterteilung an und für sich nicht entgegen, daß die Erfindung vor dem Tage der Anmeldung andern Personen bereits bekannt geworden ist, weil auch die Anmeldung einer in beschränktem Maße bekannten Erfindung das Gewerbe noch zu fördern vermag.

Unter diesem Gesichtspunkte hat der Gesetzgeber die Grenze, bis zu welcher eine Erfindung bekannt sein darf, um noch patentfähig zu sein, sehr weit gesteckt, indem er lediglich die druckschriftliche Veröffentlichung (innerhalb der letzten hundert Jahre) als Patenthinderungsgrund aufgestellt hat. Dies erscheint auch insofern unbedenklich, als durch die gesetzlichen Bestimmungen über die Entnahme[6]) Vorkehrung dagegen getroffen ist, daß die Kenntnis von der Erfindung nicht etwa seitens Unberechtigter zu rechtswidrigen Anmeldungen mißbraucht wird. Wird hingegen die Erfindung seitens des Berechtigten zum Patente angemeldet, so wird durch die darauf erfolgte Patenterteilung derjenige, welcher schon vor der Anmeldung Kenntnis von der Erfindung hatte, nicht geschädigt. Denn soweit es sich nur um diese Kenntnis handelt, ist es für ihn nicht von Bedeutung, ob er die Kenntnis schon vor der Anmeldung besaß, oder ob er von der Erfindung erst infolge der Anmeldung zugleich mit der Allgemeinheit Kenntnis erhielt. Allerdings hätte er auf Grund seiner Kenntnis dazu

---

[6]) Vgl. d. V. „Patentfähige Erfindung“ pp. S. 62 fg.

übergehen können, die Erfindung gewerbsmäßig zu benutzen, und diese Möglichkeit wird ihm durch die Patenterteilung verschlossen. Eine bloße Möglichkeit braucht aber der Gesetzgeber nicht zu berücksichtigen. Denn ein Anspruch auf Benutzung wird durch die Kenntnis von der Erfindung nicht geschaffen, während andererseits der Erfinder für die Bereicherung, welche der Allgemeinheit infolge der Anmeldung der Erfindung zufließt, auf Patenterteilung Anspruch hat.

Ganz anders liegt die Sache, wenn die Erfindung vor ihrer Anmeldung[7]) bereits in Benutzung genommen ist. Die Benutzung bildet ein patenthinderndes Moment von weit stärkerer Bedeutung als die bloße Kenntnis von der Erfindung. Die Benutzung, d. h. die Nutzbarmachung der Erfindung zeigt nicht nur ihre Ausführbarkeit, sondern sie offenbart zugleich ihren praktischen Wert; sie übt, indem sie als Beispiel wirkt, einen viel größeren Reiz für die Ausführung und Nutzbarmachung durch andere aus als die bloße Beschreibung der Erfindung.

Im Falle der Benutzung der Erfindung muß unterschieden werden:

Ist die Erfindung nur innerhalb eines beschränkten Kreises benutzt, und sind die innerhalb dieses Kreises stehenden Personen zur Geheimhaltung verbunden, so wirkt die Benutzung auch nur innerhalb dieses Kreises. Dem Kreise der Allgemeinheit ist die Erfindung damit vorenthalten. Hier liegt also trotz der (beschränkten) Benutzung immer noch ein genügender Grund vor, demnächst dem Anmelder für die Kundgebung der Erfindung ein Patent zu erteilen, weil hier die Allgemeinheit ihrerseits erst infolge der Anmeldung eine Bereicherung erfährt. Ist nicht der Anmelder sondern ein anderer der Vorbenutzer, so steht diesem gemäß § 5 des PG. dem erteilten Patente gegenüber ein Recht auf weitere Benutzung zu.

Wird hingegen die Erfindung offenkundig, d. h. ohne Geheimhaltung[8]) benutzt, so beschränkt sich die Wirkung der Benutzung nicht auf einen bestimmten Kreis, sondern die Be-

---

[7]) Darüber daß und weshalb dieser Zeitpunkt entscheidend ist, vgl. d. V. „Patentfähige Erfindung“ pp. S. 45 fg.

[8]) Pbl. 1892 S. 427 RG.

nutzung ist der Allgemeinheit zugänglich geworden. Hier ist es auch nicht erforderlich, daß die Benutzung in der Öffentlichkeit vor sich gegangen ist. Es genügt, daß der Kreis, in dem die Benutzung erfolgte, kein völlig geschlossener, durch die Pflicht zur Geheimhaltung begrenzter, war. Insoweit der Kreis ein offener war, ist auch die Möglichkeit einer Mitbenutzung durch die Allgemeinheit gegeben, weil außenstehende Personen unter dem Eindrucke der erfolgten Benutzung nun auch ihrerseits ungehindert zur Benutzung der Erfindung schreiten können. Hier würde es mit dem Zwecke der Patenterteilung nicht im Einklange stehen, wenn auf die später erfolgte Anmeldung noch ein Patent erteilt würde. Denn der Zweck der Patenterteilung beruht darin, daß der Erfinder veranlaßt werden soll, seine Erfindung kundzugeben, damit das Gewerbe, wenn auch nicht sofort, so doch nach Ablauf des Patents die Erfindung frei und ungehindert in Benutzung nehmen kann. Besteht aber schon vor der Anmeldung der Zustand, daß jemand die Erfindung offenkundig benutzt hat, so ist selbst in dem Falle, daß die Benutzung zunächst nur eine vereinzelte war, mit der Möglichkeit zu rechnen, daß das offenkundig gegebene Beispiel Nachahmung findet, und die zunächst vereinzelt gebliebene Benutzung sich in eine allgemeine Nutzbarmachung der Erfindung durch das Gewerbe verwandelt. Damit ist dann auch ohne die Anmeldung alles dasjenige erfüllt, was sonst die Anmeldung zu erfüllen bestimmt ist, und es liegt kein Grund vor, dem Anmelder noch ein Patent zu erteilen. Ist für die allgemeine Benutzung einmal der Grund gelegt, so steht es dem Erfinder nicht zu, durch Anmeldung der Erfindung in die weitere Entwicklung hemmend einzugreifen und die bereits aufgetretenen offenkundigen Benutzer auf das Recht zu weiterer Benutzung gemäß § 5 des PG. zu verweisen, alle übrigen aber von der Benutzung auszuschließen.

---

1. Die Person des Benutzers.

Der Vorgang der offenkundigen Benutzung setzt voraus, daß die Benutzung tatsächlich von irgend einer Person vorgenommen ist, wenn es auch nicht notwendig ist, daß diese Person in irgend einer Weise in die Erscheinung tritt. Es ist nun nicht die Rücksicht auf die Person dieses Benutzers, welche die offenkundige Vorbenutzung patenthindernd macht. Denn dem Vorbenutzer ist durch die Bestimmung des § 5 des PG. die weitere Benutzung gewährleistet, und wenn der Anmelder selbst der Vorbenutzer ist, so läge hier im Hinblick auf seine Person überhaupt kein Grund vor, der offenkundigen Vorbenutzung patenthindernde Bedeutung beizulegen.

Ob der Benutzer der Erfinder selbst[9]) oder ein anderer ist, kommt für die Neuheitsschädlichkeit der offenkundigen Benutzung nicht in Betracht. Es ist nicht der Gesichtspunkt des Verzichts auf Patentschutz, welcher bei der durch den Erfinder erfolgten oder veranlaßten offenkundigen Vorbenutzung die Patenterteilung ausschließt. Auch wenn der Erfinder einen Verzicht nachweislich nicht beabsichtigt hat, wenn er z. B. den Auftrag zur Patentanmeldung schon erteilt hatte, und der Beauftragte die Einreichung der Anmeldung auftragswidrig verzögerte, so daß die Benutzung durch den Erfinder der Anmeldung voraufging, ist die offenkundige Vorbenutzung patenthindernd. Auch darauf kommt es nicht an, ob der Benutzer als solcher zur Benutzung berechtigt ist. Auch wenn ein Unberechtigter, dem nur das Geheimnis der Erfindung ohne die Berechtigung zur Benutzung anvertraut war, oder dem nur die geheime[10]), nicht aber die offenkundige Benutzung auf getragen war, die offenkundige Benutzung vornimmt, ist diese patenthindernd. Der Gesetzgeber hat der offenkundigen Benutzung als reiner Tatsache patenthindernde Wirkung beigelegt. Ob durch die Benutzung Privatrechte verletzt sind, kommt für die Allgemeinheit nicht in Betracht, ebensowenig wie für sie z. B. einem erteilten Patente gegenüber eine Privatrechtsverletzung, die durch Entnahme begangen ist, in Betracht kommt. Die Allgemeinheit vermag es einer offenkundigen Benutzung nicht anzusehen, ob diese nach privatrechtlichen

---

[9]) Bl. 1894/95 S. 229 RG.
[10]) Bl. 1898 S. 207 RG.

Grundsätzen rechtmäßig oder unrechtmäßig ist; sie hat auch keine Veranlassung, sich darum zu kümmern. Die Benutzung hat dadurch, daß sie sich offenkundig vollzogen hat, die privaten Grenzen, innerhalb deren eine Regelung durch die Beteiligten möglich ist, überschritten und in ihrer Wirkung die Allgemeinheit ergriffen, die sich einer privatrechtlichen Bindung durch die Beteiligten entzieht. Hat hier der Erfinder oder sein Rechtsnachfolger nicht rechtzeitig durch Anmeldung sich sein ausschließliches Benutzungsrecht gesichert, so kann er der Allgemeinheit die Mitbenutzung nicht mehr verwehren. Ist die offenkundige Benutzung durch ihn selbst veranlaßt, so ist es ohne weiteres gegeben, daß er auch die Konsequenzen dieser Benutzung zu tragen hat. Stammt hingegen die offenkundige Benutzung aus unlauterer Quelle, so ist sie, wenn man auf ihren Ursprung zurückgeht, doch schließlich darauf zurückzuführen, daß der Erfinder auf eigene Gefahr anderen in seine Erfindung Einblick gewährt hat. Wegen der daraus für ihn entstandenen nachteiligen Folgen mag er sich an den Schuldigen halten, falls ihm das bürgerliche Recht dazu ein Mittel an die Hand gibt.

Es liegt übrigens auch insofern im allgemeinen Interesse, daß die unlautere Benutzung ebenso wie jede andere Benutzung, wenn sie offenkundig erfolgt, patenthindernde Wirkung hat, als die Gefahr, daß dem Erfinder durch eine offenkundige Benutzung seitens anderer Personen die Aussicht auf ein Patent plötzlich genommen werden kann, die Erfinder veranlassen wird, ihre Erfindung, anstatt sie längere Zeit im geheimen zu benutzen, so bald als möglich durch Anmeldung kundzugeben.

Es ist nicht erforderlich, daß der Benutzer die offenkundige Benutzung gewerbsmäßig betreibt. Jede offenkundige Nutzbarmachung der Erfindung genügt. Nicht die Rücksicht auf die Konkurrenz, die der Benutzer dem Gewerbe macht, sondern die Bedeutung der Nutzbarmachung an sich ist es, die das Patenthindernis bildet. Eine nichtgewerbsmäßige Benutzung, die offenkundig erfolgt, ist ebensowohl geeignet, Nachahmung zu finden, wie eine gewerbsmäßige. Für Gebrauchsgegenstände würde es offenbar eine empfindliche Lücke im Gesetze bedeuten, wenn hier der außerhalb eines Gewerbes erfolgende offenkundige Gebrauch nicht neuheitsschädlich und patenthindernd wäre.

---

2. Die Offenkundigkeit der Benutzung.

Die Benutzung der Erfindung ist nur dann neuheitsschädlich, wenn sie so offenkundig erfolgt, daß darnach die Benutzung durch andere Sachverständige möglich erscheint. Die offenkundige Benutzung muß also eine solche sein, daß dabei das Wesen der Erfindung zutage tritt. Nur wenn dies zutrifft, ist die Benutzung patenthindernd.

Wird bei der Benutzung das Wesen der Erfindung nicht erkennbar, so vermag sich das Gewerbe der Erfindung nicht zu bemächtigen. Nicht die Rücksicht auf die überlegene Konkurrenz, die der Benutzer zufolge des Vorteils, den ihm die Erfindung gewährt, dem übrigen Gewerbe etwa zu machen in der Lage ist, sondern der durch die offenkundige Benutzung und das dadurch gegebene Beispiel eröffnete Übergang in die allgemeine Benutzung durch das Gewerbe ist es, der die offenkundige Benutzung neuheitsschädlich macht. Dieser Übergang kann sich aber nur dann vollziehen, wenn bei der Benutzung das Wesen der Erfindung erkennbar in die Erscheinung tritt. Es ist daher nicht neuheitsschädlich, wenn eine mit der Erfindung ausgestattete Maschine zwar so offenkundig arbeitet, daß dabei die Überlegenheit dieser Maschine in ihren Leistungen gegenüber anderen Maschinen deutlich erkennbar wird, sofern die Erfindung selbst nur im innern Gang der Maschine in Wirkung tritt und die Besichtigung ihrer inneren Einrichtung allen anderen Personen verwehrt ist.

Die Benutzung muß zwar eine solche sein, daß sie das Verständnis von der Erfindung anderen zur Geheimhaltung nicht verbundenen Personen zu offenbaren und diese in den Stand zu setzen vermag, darnach auch ihrerseits die Erfindung zu benutzen, d. h. nutzbar zu machen. Dagegen kommt es nicht darauf an, ob das Verständnis von der Erfindung besondere

Sachkunde voraussetzt. Es genügt die Tatsache der Benutzung, sofern dabei das Wesen der Erfindung, unter Voraussetzung des erforderlichen Sachverständnisses, erkannt werden kann. Es ist auch nicht erforderlich, daß andere Personen von der Erfindung wirklich Kenntnis genommen haben. Der Gesetzgeber hat vielmehr bei Regelung des Erfordernisses der Neuheit als Voraussetzung für die Patentfähigkeit von dem subjektiv schwer feststellbaren Moment der wirklichen Kenntnis und ihrer Verbreitung aus praktischen Gründen abgesehen und an dessen Stelle konkrete Merkmale gesetzt. Wie einerseits die druckschriftliche Veröffentlichung, so genügt andererseits die offenkundige Benutzung im Inlande, um die Neuheit der Erfindung auszuschließen, ohne daß in dem einen wie in dem anderen Falle noch die weitere Feststellung erforderlich wäre, daß von der Möglichkeit der Kenntnisnahme auch wirklich Gebrauch gemacht ist.

Ist die Erfindung nur innerhalb eines beschränkten Kreises zur Geheimhaltung verpflichteter Personen benutzt, so kommt es nicht darauf an, ob die zugezogenen Personen ihre Geheimhaltungspflicht demnächst verletzen, und ob sie vielleicht schon im Augenblicke ihrer Zuziehung innerlich entschlossen waren, der ihnen obliegenden Geheimhaltungspflicht zuwider zu handeln. Das Kennzeichnende der geheimen Benutzung liegt vielmehr in der bloßen Tatsache, daß der Kreis ein beschränkter war, nämlich daß nur solche Personen zur Benutzung zugezogen wurden, denen der Benutzer das Vertrauen schenkte, daß sie das ihnen anvertraute Geheimnis auch bewahren würden. Die Gefahr, daß ein Geheimnis von Eingeweihten verraten oder von Unbefugten erlauscht wird, und daß diese Personen darauf die Erfindung unbefugt in Benutzung nehmen oder durch andere in Benutzung nehmen lassen, liegt immer vor. Mit einer solchen Möglichkeit kann der Gesetzgeber nicht rechnen, sondern er muß sich an die Regel halten, daß eine nur im geheimen benutzte Erfindung nicht von selbst in den Besitz des Gewerbes gelangt, und daß es deshalb im Interesse des Gewerbes liegt, hier die Aussicht auf ein Patent als Preis für die Offenbarung der Erfindung nicht zu verschließen.

War der Kreis nicht unter dem Gesichtspunkte der Geheimhaltung der Erfindung, sondern aus andern Gründen ein beschränkter, hat z. B. ein Handwerker die Erfindung in einem nur den Mitgliedern seiner Innung zugänglichen Raume benutzt, so liegt offenkundige Benutzung vor. Denn die Mitglieder der Innung sind hier durch keine Pflicht gehindert, die Erfindung nun auch ihrerseits in Benutzung zu nehmen.

Für die Frage der Offenkundigkeit scheidet die Person des Benutzers selbst aus. Es kommt nach dem Gesetze nur darauf an, ob durch die offenkundige Vorbenutzung die Möglichkeit einer Benutzung durch „andere" Personen gegeben ist. Ob der Benutzer selbst zur Geheimhaltung verpflichtet ist, und ob er an der Geheimhaltung ein eigenes Interesse hat, oder ob dies nicht der Fall ist, mag unter Umständen von tatsächlicher Bedeutung sein; rechtlich kommt dieses Interesse oder die Geheimhaltungspflicht des Benutzers oder ihr Fehlen für die Neuheitsschädlichkeit nicht in Betracht.

Tritt der Fall ein, daß eine der zugezogenen Personen ihre Geheimhaltungspflicht verletzt, und die Kenntnis von der Erfindung und ihrer Benutzung weiterträgt, so hat diese Tatsache keine rückwirkende Kraft. Hier wird nur nachträglich bekannt, daß eine geheime Benutzung stattgefunden hat, aber der Akt als solcher ist der gleiche geblieben und hat in seinem Charakter keine Änderung erfahren. Wollte man annehmen, daß hier die Benutzung nachträglich zu einer neuheitsschädlichen würde, so würde dies zu der unannehmbaren Konsequenz führen, daß eine im geheimen erfolgte Benutzung auch nach der Anmeldung noch infolge eines Bruchs des Geheimnisses offenkundig und somit neuheitsschädlich werden würde.

Auch mit dem Zeitpunkte, in dem das Geheimnis gebrochen wird, tritt keine Neuheitsschädlichkeit ein. Denn die Verbreitung der Kenntnis von der Erfindung wirkt nicht neuheitsschädlich und eine offenkundige Benutzung hat nicht stattgefunden[11]. Benutzung und Offenkundigkeit müssen zusam-

[11]) So mit Recht Bl. 1901 S. 11 PA. Vgl. dazu unter Note 35.

mentreffen, um neuheitsschädlich zu wirken. Ebensowenig wie es zur druckschriftlichen Veröffentlichung gemäß § 2 genügt, daß eine Gebrauchsmusteranmeldung in der Auslegehalle des Patentamts der Allgemeinheit zugänglich gemacht wird und daß durch einen hiervon getrennten Vorgang im Reichsanzeiger druckschriftlich auf diese Auslegung hingewiesen wird, obensowenig genügt es, daß eine stattgehabte Benutzung der Erfindung nachträglich allgemein bekannt wird. Kommt es indessen infolge der Verletzung der Geheimhaltungspflicht zu einer offenkundigen, wenn auch unbefugten Benutzung der Erfindung durch andere, so wirkt diese Benutzung mit dem Zeitpunkte, in welchem sie erfolgt, neuheitsschädlich[12]).

Ohne Bedeutung ist es auch, daß der geheime Benutzer die zur Geheimhaltung verpflichteten Personen nachträglich von dieser Pflicht entbindet[13]). Denn sonst könnte jeder geheime Vorbenutzer dem Anmelder die Patenterteilung dadurch unmöglich machen, daß er die bei seiner Benutzung zugezogenen Personen nachträglich von der Pflicht der Geheimhaltung befreit. Spätere Akte vermögen an der Tatsache, daß die Benutzung nur in einem beschränkten Kreise erfolgt ist, nichts zu ändern.

Die Pflicht zur Geheimhaltung kann besonders auferlegt sein, oder aus den Umständen sich ergeben.

Die Pflicht zur Geheimhaltung muß ernstlich auferlegt sein. Erfolgt die Benutzung der Erfindung vor unbeteiligten Personen in einer Weise, daß auf Geheimhaltung vernünftiger Weise nicht gerechnet werden kann, z. B. unter Zurschaustellung der Fabrikation vor beliebigen Personen gegen Eintrittsgeld, so kann der Benutzer durch die bloße Erklärung, daß er den Anwesenden die Geheimhaltung zur Pflicht mache, die vorliegende Offenkundigkeit nicht beseitigen.

Stehen die bei der Benutzung zugezogenen Personen zum Benutzer in einer solchen Beziehung, daß sie über den ver-

---

12) Bl. 1898 S. 207 RG.

13) Vgl. jedoch Bl. 1897 S. 207 RG., dessen Begründung in dieser Beziehung unklar ist.

traulichen Charakter ihrer Zuziehung nicht im Zweifel sein können, so bedarf es regelmäßig keines besonderen Hinweises auf die Pflicht zur Geheimhaltung; diese Pflicht ergibt sich hier aus den Umständen.

Ein solcher Fall liegt namentlich dann vor, wenn die Erfindung in einer Fabrik benutzt wird[14]). Angestellte und Arbeiter haben im allgemeinen die Pflicht, über Dinge, die sie auf Grund ihres Dienstverhältnisses wahrzunehmen in der Lage sind, Stillschweigen zu beobachten. Diese Pflicht braucht nicht besonders auferlegt zu sein, sondern sie ist in dem Anstellungsvertrage, der auf gegenseitigem Vertrauen aufgebaut ist, ohne weiteres begründet. Ein Arbeiter, der zum Nachteil seines Arbeitgebers Indiskretionen begehen würde, würde gerechtfertigten Grund zu seiner Entlassung geben. Sieht die Fabrikleitung etwas als ihr Geheimnis an, so wird sie zwar Vorkehrungen treffen, um das Fabrikgeheimnis den Blicken unbeteiligter Personen zu entziehen. Daß aber außerdem auch den Angestellten und Arbeitern der Zutritt verwehrt ist, ist nicht erforderlich und in vielen Fällen auch gar nicht durchführbar. Geschieht dies dennoch in einem einzelnen Falle wegen der besonderen Wichtigkeit der Erfindung, so wird hier das Geheimnis über das gesetzlich gebotene Maß hinaus gewahrt.

Für die Frage der Offenkundigkeit scheidet zwar, wie schon hervorgehoben wurde, die Person des Erfinders und seine Kenntnis von der Erfindung aus, indessen kann der Umstand, daß der Benutzer an der Geheimhaltung der Erfindung interessiert ist und daß dies den Beteiligten bekannt ist, tatsächlich für die Frage der Offenkundigkeit von Bedeutung sein. Denn schon die Kenntnis der Beteiligten hiervon kann ihnen unter Umständen die Pflicht zur Geheimhaltung auferlegen, ohne daß es einer ausdrücklichen Erklärung des Benutzers bedarf. Andrerseits ist zwar auch ein Vorbenutzer, der keinen Anlaß findet, die Benutzungshandlung geheimzuhalten, ein geheimer Benutzer, wenn seine Fabrik fremden Personen verschlossen ist, und seine Vorbenutzung, die ihm nur die Rechte

---

14) Bl. 1894/95 S. 221 PA.

des § 5 des PG. gewährt, schließt die Erteilung eines Patents an einen andern nicht aus. Handelt es sich aber um eine Vorbenutzung in einer ganzen Reihe von Betrieben, so haben die wechselnden Angestellten und Arbeiter in diesen Betrieben Anlaß, den in Frage kommenden Benutzungsvorgang für etwas ganz Alltägliches zu halten, zu dessen Geheimhaltung sie sich ebensowenig verbunden fühlen, wie die Benutzer selbst auf Geheimhaltung bedacht sind[15].

Ist die Fabrik fremden Personen ohne weiteres zugänglich, so daß diese von der Benutzung der Erfindung ungehindert Kenntnis nehmen können, so ist die Benutzung neuheitsschädlich. Aber auch eine Erschwerung des Zutritts durch Forderung von Führergebühren oder besonderen Erlaubnisscheinen, welche die Pflicht zur Geheimhaltung nicht auferlegen, schließt die Offenkundigkeit der Benutzung nicht aus.

3. Der Benutzungsvorgang.

Das Wort „Benutzung" darf nicht so eng ausgelegt werden, daß darunter bei einem körperlichen Gegenstande nur der Gebrauch verstanden wird. Es handelt sich bei der gesetzlichen Bestimmung nicht um die Benutzung eines Gegenstandes der Erfindung, sondern um die Benutzung der Erfindung selbst. Die Benutzung steht hier im Gegensatze zur bloßen Kenntnis von der Erfindung; sie bedeutet, daß die Erfindung aus dem Stadium der Erkenntnis heraus in das Stadium hinübergeführt wird, in dem sie den ihrem Zwecke entsprechenden Nutzen stiftet. Der Vorgang der Benutzung umfaßt in diesem Sinne auch die Verkörperung der Erfindung in einem mit ihr zum Zwecke ihrer Anwendung ausgestatteten Gegenstände, d. h. die Herstellung eines solchen Gegenstandes[16]. Würde die Benutzung nur im ganz beschränkten Sinne des bloßen Gebrauchs verstanden, so würde eine offenkundige Benutzung der Erfindung bei Gegenständen, die nur im geheimen gebraucht zu werden

[15]) Bl. 1905 S. 161 PG.
[16]) Bl. 1896 S. 97 RG.

pflegen, wie gewisse Bandagen, nur selten vorkommen, und auf solche Gegenstände müßte ein Patent auch dann noch erteilt werden, wenn sie bereits offenkundig hergestellt, feilgehalten und in den Verkehr gebracht worden sind. Daß dies nicht der Sinn des Gesetzes sein kann, ist klar.

Die Benutzung einer Erfindung im größeren Stile wird sich, falls es sich um einen körperlichen Gegenstand handelt, in der Regel in der Weise vollziehen, daß der körperliche Gegenstand zum Zwecke des Absatzes als Ware hergestellt, sodann feilgehalten und in den Verkehr gebracht wird, um hierauf seitens des Abnehmers in Gebrauch genommen zu werden.

Es kommen hiernach bei einem körperlichen Gegenstande vier verschiedene Akte einer Benutzung der Erfindung, nämlich Herstellung, Feilhalten, Inverkehrbringen und Gebrauch in Betracht (vergl. auch § 4 des PG.)[17]. Diese vier Akte gehören wirtschaftlich zusammen, insofern sie einander gegenseitig bedingen. Dem Gebrauche wie dem Inverkehrbringen muß die Herstellung voraufgehen. Die fabrikationsmäßige Herstellung aber ist ihrerseits darauf berechnet und dadurch bedingt, daß die hergestellte Ware im Verkehr abgesetzt wird, und hat ohne einen solchen Absatz keinen Sinn. In gleicher Weise ist der Absatz der Ware darauf berechnet und dadurch bedingt, daß der Abnehmer durch Gebrauch der Ware sich die Vorteile des körperlichen Gegenstandes der Erfindung anzueignen vermag. Dem Inverkehrbringen wird regelmäßig ein Feilhalten voraufgehen, um den Absatz zu vergrößern. Die vier verschiedenen Akte sind daher eigentlich nur vier Phasen in der Nutzbarmachung der Erfindung. Jeder Akt kann indessen für sich selbständig, sei es von derselben oder von einer andern Person, vorgenommen werden, und jeder Akt kann für sich allein eine neuheitsschädliche Benutzung der Erfindung bilden.

Die offenkundige „Benutzung“ der Erfindung muß eine solche sein, daß darnach die „Benutzung“ durch andere Sachverständige möglich erscheint. Das Wort „Benutzung“ hat in dem einen wie im andern Falle die gleiche Bedeutung; es um-

---

[17]) Bl. 1894/95 S. 229 RG.

faßt sämtliche vier Akte der Benutzung. Indessen genügt als Vorbild schon ein einziger der vier Akte, sofern er die Nachbenutzung durch andere Sachverständige ermöglicht, die dann infolge der erlangten Kenntnis nicht nur den voraufgegangenen Akt, sondern alle überhaupt in Betracht kommenden Akte vornehmen können.

Die infolge der stattgehabten Vorbenutzung anderen Sachverständigen ermöglichte Benutzung muß, wie das Wort „darnach“ zum Ausdruck bringt, eine Nachbenutzung in dem Sinne sein, daß dabei das durch die Vorbenutzung gegebene Beispiel als Vorbild dient. Eine Nachbenutzung, die darin besteht, daß der vom Vorbenutzer hergestellte Gegenstand hernach von andern gebraucht wird, so daß nur die vom Vorbenutzer begonnene Nutzbarmachung fortgesetzt wird, ist keine Benutzung im Sinne des Gesetzes. Hätte der Gesetzgeber eine solche Nachbenutzung im Auge gehabt, so würde dabei das vom Gesetzgeber betonte Sachverständnis ohne Bedeutung sein. Für die Benutzung des bereits hergestellten Gegenstandes ist ein Sachverständnis nur in ganz besonderen Fällen erforderlich und die Nachbenutzung des einzelnen hergestellten Gegenstandes durch Gebrauch ist in vielen Fällen auch dann möglich, wenn jedes Verständnis für das Wesen der Erfindung fehlt. Das vom Gesetzgeber allgemein hervorgehobene Sachverständnis hat nur insofern einen guten Sinn, als es für die selbständige Nutzbarmachung der Erfindung, die bei weiterer Verbreitung schließlich zur Benutzung durch das Gewerbe führt, erforderlich ist. Nicht die durch Vorbenutzung, nämlich durch Herstellung, ermöglichte Nachbenutzung des körperlichen Gegenstandes, sondern die Nachbenutzung der Erfindung durch sämtliche dabei in Betracht kommenden Akte ist diejenige Benutzung, auf die es nach dem Gesetze ankommt.

Hiernach gelangen wir zu folgendem Ergebnisse:

Neuheitsschädlich ist nur ein solcher offenkundiger Benutzungsvorgang, der als Vorbild dienend andern Sachverständigen die Nachbenutzung der Erfindung ermöglicht. Als Benutzungsvorgang vermag jeder der angegebenen vier Akte zu dienen. Die Nachbenutzung hingegen braucht nicht gerade dem Benutzungsvorgange zu entsprechen, sondern sie ist die Nutzbarmachung der Erfindung schlichthin durch die nach Art der Erfindung dabei überhaupt in Betracht kommenden Akte, also bei einem körperlichen Gegenstande in erster Linie dessen Herstellung, bei einem Verfahren dessen Anwendung. Die Nachbenutzung braucht auch nicht in Wirklichkeit stattgefunden zu haben, sondern sie muß durch den offenkundigen Benutzungsvorgang nur ermöglicht sein.

Es genügt hiernach nicht jeder beliebige Vorgang, der dem Sachverständigen die Benutzung ermöglicht. Denn diese Möglichkeit kann auch durch bloße Beschreibung der Erfindung schon gegeben sein. Mag selbst die Kenntnis von der Erfindung durch Beschreibung im einzelnen Falle so vielen unbeteiligten Personen zugänglich geworden sein, daß das Gewerbe im weiten Umfange die Erfindung in Benutzung zu nehmen vermag, so ist doch diese Verbreitung der Kenntnis nicht neuheitsschädlich, solange sie nicht druckschriftlich erfolgt ist. Der Gesetzgeber hat bei der Regelung der Neuheitsfrage nicht nur das Interesse des Gewerbes, sondern auch das Interesse des Erfinders berücksichtigt und von diesem Standpunkte aus hat er nicht jeden beliebigen Vorgang, der die Benutzung durch andere Sachverständige möglich macht, sondern nur einen Benutzungsvorgang für neuheitsschädlich erachtet.

Es genügt auch nicht, daß die Benutzung der Erfindung bekannt geworden ist, sondern es ist ein Benutzungsvorgang erforderlich, der so beschaffen ist, daß „darnach", d. h. nach diesem Vorbilde die Benutzung durch andere Sachverständige ermöglicht ist. Der Benutzungsvorgang selbst muß so offenkundig erfolgt sein, daß er andern Sachverständigen die Kenntnis von der Erfindung zu erschließen und diese in den Stand zu setzen vermocht hat, nun auch ihrerseits die Erfindung in Benutzung zu nehmen.

Nach ausdrücklicher Bestimmung des Gesetzes muß die offenkundige Benutzung, um neuheitsschädlich zu sein, im Inlande stattgefunden haben. Hierin unterscheidet sich dieses

Patenthindernis von der druckschriftlichen Veröffentlichung. Die offenkundige Benutzung verbreitet sich in ihren Wirkungen nicht so leicht auf andere Länder wie die druckschriftliche Veröffentlichung. Es kommt hinzu, daß das zu erteilende Patent sich in seiner Geltung auf das Inland beschränkt. Aus diesem Grunde bedarf es daher auch keiner Regelung des Rechts des Vorbenutzers im Auslande, wie sie § 5 des PG. für das Inland trifft, weil im Auslande niemand durch das inländische Patent an der Benutzung der Erfindung gehindert ist.

A. Die Benutzung körperlicher Gegenstände.

a) Die Herstellung.

Die Herstellung ist nur ein einzelnes Glied der Nutzbarmachung der Erfindung. An und für sich werden durch die Herstellung nur Kosten verursacht, und diese Kosten werden, falls die Erfindung überhaupt Wert hat, erst dadurch wieder eingebracht, daß der hergestellte Gegenstand vom Hersteller selbst in Gebrauch genommen oder aber in den Verkehr gebracht wird, um demnächst von andern Personen gebraucht zu werden. Ob sich aus dem Absatz der hergestellten Ware für den Hersteller ein Gewinn ergibt und ob die Herstellung auf einen solchen Gewinn überhaupt berechnet ist, ist indessen ohne Bedeutung. Nicht deshalb, weil die Herstellung dem Hersteller Gewinn verspricht, sondern weil mit ihr die Nutzbarmachung der Erfindung, d. h. die Erschließung des der Erfindung ihrer Natur nach innewohnenden Nutzens beginnt, ist die Herstellung ein Akt der Benutzung. Sie ist zwar nur der Beginn der Nutzbarmachung, d. h. nur der Anfang ihrer Ausführung, aber immerhin doch ein Akt, der, wenn er als Vorgang Nachahmung findet, zur Nutzbarmachung der Erfindung durch das Gewerbe zu führen vermag, also ein so wesentlicher Akt der Nutzbarmachung, daß er schon als solcher neuheitsschädlich ist, ohne Rücksicht darauf, ob gerade der hergestellte Gegenstand demnächst auch wirklich in Gebrauch genommen wird und auf diesem Wege der der Erfindung innewohnende Nutzen verwirklicht wird. Es genügt, daß durch die Nachahmung des

Vorgangs der Herstellung andere Gegenstände geschaffen werden können, die der Befriedigung des Bedürfnisses, das die Erfindung deckt, zu dienen vermögen.

Benutzung ist Nutzbarmachung. Die in der Herstellung liegende Benutzung setzt daher voraus, daß der Gegenstand als Gebrauchsgegenstand hergestellt wird. Die Herstellung eines Modells, daß nur der Beschreibung und Veranschaulichung der Erfindung dienen soll, ist kein Akt der Benutzung[18]).

Aus dem gleichen Grunde sind Versuche, die nur dazu gedient haben, die noch nicht fertige Erfindung zum Abschlusse zu bringen, nicht neuheitsschädlich. Dies gilt namentlich von der praktischen Ausführung einer zunächst nur in der Theorie vorliegenden Erfindung, sofern es zweifelhaft erscheint, ob die theoretische Erfindung sich als ausführbar und die nach ihr hergestellten Gegenstände sich als praktisch brauchbar erweisen werden[19]). Es liegt hier nur eine Erprobung, nicht eine Nutzbarmachung der Erfindung vor. Zwar ist auch die bloße Ausführung der Erfindung schon geeignet, ihre Vorteile vor Augen zu führen, und sie vermag unter Umständen stärker zu wirken als eine bloße Beschreibung. Zur vollen Geltung kommt jedoch der Gesichtspunkt, der die Benutzung der Erfindung neuheitsschädlich erscheinen läßt, erst dann, wenn die Ausführung zur Nutzbarmachung geworden ist und die praktischen Vorteile der Erfindung wirtschaftlich greifbar in die Erscheinung treten[20]).

Es ist zuzugeben, daß in einzelnen Fällen die nur einen Versuch bedeutende Ausführung der Erfindung bei ihrem Gelingen genau so stark zu wirken vermag, wie die Nutzbarmachung. Indessen ist zu berücksichtigen, daß es bei begrifflichen Unterscheidungen auch Grenzfälle gibt, die einander praktisch sehr nahestehen. Dies zeigt sich gerade bei Versuchen, die auf die Herstellung von gebrauchsfähigen Gegen-

---

[18]) Bl. 1900 S. 23 RG. u. S. 230 PA.

[19]) Bl. 1900 S. 24 RG.

[20]) Pbl. 1884 S. 103 RG. Die Benutzung im Sinne des Gesetzes muß auf „Ausbeutung der Erfindung zur Erzielung der ihr entsprechenden Resultate“ gerichtet sein.

ständen gerichtet sind. Hier kann eine nur als Versuch begonnene Ausführung der Erfindung, in ihrer Grenze kaum feststellbar, in eine Nutzbarmachung übergehen, falls nämlich die Herstellung über den Zweck der Feststellung der Ausführbarkeit und Brauchbarkeit der Erfindung hinaus noch weiter fortgesetzt wird[21]).

Handelt es sich bei dem Versuche nur um die Feststellung, ob ein einzelner Gegenstand, der nach der sonst vollendeten und erprobten Erfindung hergestellt ist, auch richtig funktioniert, so ist zwar auch dieser Versuch als solcher nicht neuheitsschädlich, weil darin auch kein Gebrauch liegt. Neuheitsschädlich war aber hier schon die Herstellung dieses Gegenstandes, falls sie offenkundig erfolgte.

Wegen des Erfordernisses der Offenkundigkeit kann auf die früheren Ausführungen im allgemeinen verwiesen werden.

b) Das Inverkehrbringen.

Wie von uns bereits dargelegt wurde, wird eine Erfindung, die sich auf einen körperlichen Gegenstand bezieht, im Sinne des § 2 (ebenso wie des § 4 des PG.) dadurch benutzt, daß der körperliche Gegenstand hergestellt, feilgehalten, in Verkehr gebracht und gebraucht wird. Bei dieser Benutzung der Erfindung bildet nun das Inverkehrbringen einen sehr wichtigen Faktor. Wird der Gegenstand der Erfindung nur von einer einzelnen Person lediglich für das eigene Bedürfnis hergestellt und gebraucht, so liegt darin zwar eine Nutzbarmachung der Erfindung, aber diese Benutzung ist nur auf eine einzige Person beschränkt und bringt die Erfindung nicht zur rechten Geltung. Zu einer vollen Ausnutzung gehört es, daß die Erfindung für die Gesamtheit, soweit ein Bedürfnis an ihrer Benutzung besteht, nutzbar gemacht wird. Das Inverkehrbringen ist nun derjenige Akt, welcher der Benutzung die erforderliche Verbreitung verschafft, durch die eine allgemeine Ausnutzung der Erfindung ermöglicht wird. Das Inverkehrbringen hat zum Ziele, daß der Gegenstand der Erfindung unbeschränkt allen

---

[21]) Bl. 1897 S. 208 RG.

Personen, die den Wunsch nach seinem Besitze empfinden und die etwa erforderlichen Kosten zu tragen gewillt sind, zur Verfügung steht. Es ist nun nicht erforderlich, daß dies Ziel bereits erreicht ist, sondern es genügt für die Anwendung des Gesetzes schon, daß der Gegenstand der Erfindung nicht gerade jedermann, aber doch beliebigen Personen zur Deckung des bei ihnen vorhandenen Bedarfs zur Verfügung gestellt wird. Handelt es sich dabei nur um eine einzelne Person, so kommt es darauf an, ob diese Person den Verkehr repräsentiert ob sie eine beliebige Person ist, deren Persönlichkeit durch das Bedürfnis und nicht durch andere Momente bestimmt ist. Ist in diesem Sinne auch nur einer einzigen Person ein mit der Erfindung ausgestatteter Gegenstand übergeben, so ist damit der Akt des Inverkehrbringens nicht etwa erst in die Wege geleitet, sondern er hat sich, wenn auch nur in einem einzigen Falle, bereits vollzogen[22]).

Ist der Empfänger hingegen keine beliebige Person, so liegt ein Inverkehrbringen nicht vor. Hat z. B. der Erfinder den hergestellten Gegenstand nur einem Freunde als Schenkung übergeben, so wird darin kein Inverkehrbringen zu finden sein, selbst wenn die Geheimhaltung dem Freunde nicht zur Pflicht gemacht ist. Ein Inverkehrbringen würde hier nur dann vorliegen, wenn der Erfinder die Sache auch jeder beliebigen andern Person, die ein Bedürfnis an ihrem Besitze empfunden hätte, zur Verfügung gestellt haben würde. Ist dies nicht festzustellen, so hat die Übergabe der Sache nur eine rein private Bedeutung. Der vom Erfinder vollzogene Akt war nicht darauf gerichtet, das Bedürfnis nach dem Besitze überall da, wo es als vorhanden vorausgesetzt wurde, zu befriedigen, sondern er beruhte, wie auch die unentgeltliche Überlassung der Sache zum Ausdruck brachte, auf den privaten Beziehungen, die zwischen den Beteiligten bestanden. Ohne Bedeutung ist es, daß der Freund in die Lage versetzt ist, beliebigen

---

[22]) Bl. 1906 S. 325 PA. Zu hohe Anforderungen stellt dagegen Pbl. 1884 S. 103 RG., wenn es bei Artikeln, bei denen auf einen Absatz in großer Zahl gerechnet wird, auch den Absatz einer größeren Zahl verlangt.

andern Personen die Erfindung an der in seinem Besitze befindlichen Sache zu beschreiben, da hier ein Inverkehrbringen überhaupt nicht stattgefunden hat. Auch der Erfinder selbst vermochte den im geheimen hergestellten Gegenstand beliebigen Personen zum Zwecke einer Beschreibung der Erfindung zu zeigen, ohne damit die Neuheit der Erfindung nach dem Gesetze zu zerstören. Die Neuheit wird erst dadurch zerstört, daß der Freund die ihm übergebene Sache offenkundig gebraucht, oder seinerseits in Verkehr bringt.

Da das Inverkehrbringen darauf gerichtet ist, durch Lieferung der Sache den bei der Allgemeinheit (im Verkehr) vorhandenen Bedarf zu decken, so wird es in der Regel gewerbsmäßig erfolgen. Gewöhnlich wird dies gegen Entgelt geschehen und in diesem Entgelt ist dann der Nutzen enthalten, den die Erfindung für die Akte der Herstellung und des Inverkehrbringens abwirft. Es ist indessen nicht erforderlich, daß sich aus dem Inverkehrbringen für deren Urheber besondere Vorteile ergeben, ebensowenig wie auch die (offenkundige) Herstellung des Gegenstandes, um neuheitsschädlich zu sein, auf Gewinn berechnet zu sein braucht. Nicht diese Vorteile sind es, die das Inverkehrbringen zu einem Akte der Benutzung stempeln, sondern das Inverkehrbringen ist deshalb ein Akt der Nutzbarmachung, weil es die Erfindung aus der Sphäre der privaten Benutzung heraus in den Genuß der Allgemeinheit bringt. Bei der Nutzbarmachung der Erfindung in diesem Sinne erfüllt das Inverkehrbringen eine wichtige Funktion, und es kommt nicht darauf an, ob das Inverkehrbringen für sich allein betrachtet eine Benutzung der Erfindung im eigentlichen Sinne des Wortes ist, sondern ob es ein Glied, oder einen Akt des gesamten Benutzungsvorganges bildet, und ob dieser einzelne Akt des Benutzungsvorganges so offenkundig erfolgt ist, daß dadurch die Benutzung der Erfindung durch andere Sachverständige ermöglicht ist.

Gewöhnlich wird dem Inverkehrbringen ein Kaufgeschäft zugrunde liegen; es genügt aber auch jedes andere Rechtsgeschäft, wie Miete, Leihe und selbst Schenkung z. B. seitens einer Wohltätigkeitsanstalt, sofern hier der Gegenstand der

Erfindung mit Rücksicht auf das vorhandene Bedürfnis bedürftigen Personen zugänglich gemacht wird. Der bloße Abschluß des Rechtsgeschäftes, z. B. eines Kaufvertrages, ist indessen für sich allein nicht ausreichend; das Inverkehrbringen vollzieht sich erst, wenn auf Grund des Geschäfts die Lieferung der Sache erfolgt.

Auch das Inverkehrbringen setzt als offenkundiger Benutzungsakt voraus, daß es ohne Geheimhaltung erfolgt. Indessen schließt das Inverkehrbringen als solches die Offenkundigkeit ohne weiteres ein und erfordert sogar ein besonderes Maß von Offenkundigkeit, indem die Übergabe des Gegenstandes an eine andere Person nur dann genügt, wenn diese Person den Verkehr repräsentiert. Dagegen ist auch das Inverkehrbringen sowie die Benutzung überhaupt nur dann neuheitsschädlich, wenn dabei das Wesen der Erfindung offen gelegt wird. Läßt der in Verkehr gebrachte Gegenstand die Erfindung nicht in die Erscheinung treten, so daß auch ein Sachverständiger, selbst wenn er von der Möglichkeit genauer Besichtigung, vielleicht sogar unter Zerstörung des Gegenstandes, Gebrauch macht, ihr Wesen nicht zu erkennen vermag, so ist das Inverkehrbringen nicht neuheitsschädlich[23]). Denn hier ist eine Nachbenutzung der Erfindung nicht möglich. Zwar kann der in den Verkehr gelangte Gegenstand, in dem sich die Erfindung verkörpert, von beliebigen Personen offenkundig gebraucht werden, aber die Erfindung selbst bleibt verborgen. Die Möglichkeit, auf die es, wie schon oben im allgemeinen ausgeführt wurde, allein ankommt, nämlich, daß auf Grund des Vorganges andere Sachverständige gleichfalls Gegenstände der Erfindung herstellen und die hergestellten Gegenstände selbst gebrauchen oder zum Zwecke des Gebrauchs an andere absetzen, liegt nicht vor.

Für den Akt des Inverkehrbringens kommt als neuheitsschädlich nur der inländische Verkehr in Betracht. Wird also ein im Inlande geheim hergestellter Gegenstand ins Ausland versandt und dort in den Verkehr gebracht, so liegt darin

---

[23]) GR. 1911 S. 143 PA.

keine neuheitsschädliche Benutzung, weil der offenkundige Teil dieser Benutzung sich erst im Auslande vollzogen hat. Erfolgt indessen die Versendung in einer Weise, daß dadurch im Inlande die Möglichkeit einer Kenntnisnahme von der Erfindung für unbeteiligte zur Geheimhaltung nicht verpflichtete Personen gegeben ist, so liegt darin eine offenkundige und neuheitsschädliche Benutzung der Erfindung. Zwar ist hier der Gegenstand nicht in den inländischen Verkehr gebracht, aber eine einzelne Phase des Inverkehrbringens hat sich im Inlande offenkundig vollzogen, und dies genügt, um den ganzen Benutzungsvorgang neuheitsschädlich zu machen.

Ob demnächst der Gebrauch der in den Verkehr gebrachten Sache offenkundig oder im geheimen erfolgt, ist für die Neuheitsschädlichkeit des Inverkehrbringens bedeutungslos. Gewisse Bandagen und Apparate pflegen nur im geheimen gebraucht zu werden. Nichtsdestoweniger ist ihr Inverkehrbringen neuheitsschädlich[24]). Denn das vorbehaltlose Inverkehrbringen der Bandage durch den Hersteller ist ein Akt offenkundiger Benutzung. Dieser Akt gewährt die Möglichkeit einer Nachbenutzung durch andere Sachverständige, die nach dem Vorbilde gleichfalls Bandagen herstellen und zum Zwecke des Gebrauchs in den Verkehr bringen können.

Das Inverkehrbringen als Benutzungsakt ist eine Handlung, die darauf gerichtet ist, den hergestellten Gegenstand in den Genuß der Allgemeinheit, des Verkehrs, zu bringen. Diese Handlung braucht nicht einer bestimmten Person gegenüber zu erfolgen; es genügt z. B. die Aufstellung eines Automaten an einem öffentlichen Ort. Dagegen ist immer eine Handlung erforderlich, durch die der Gegenstand dem Verkehr überliefert wird. Ist z. B. ein im geheimen hergestellter Gegenstand der Erfindung von seinem Inhaber an einem öffentlichen Orte verloren, so daß jeder, der den Gegenstand liegen sieht, aus ihm die Erfindung entnehmen kann, so liegt darin kein Akt offenkundiger Benutzung. Denn das Verlieren des Gegenstandes

---

[24]) Bl. 1906 S. 215 PA., welches hier mit Unrecht auch auf den Gebrauch Gewicht gelegt hat.

ist keine Benutzungshandlung. Auch dadurch, daß der Finder den Gegenstand an sich nimmt, ist noch kein Akt der Benutzung vollzogen. Die Benutzung vollzieht sich vielmehr erst, wenn der Finder den Gegenstand entweder selbst offen in Gebrauch nimmt oder an einen beliebigen andern zum Zwecke des Gebrauchs weitergibt. Hat sich der bisherige Inhaber mit Bewußtsein der Sache entäußert, so kommt es darauf an, ob der Akt lediglich darauf gerichtet war, die Sache im Stiche zu lassen, oder ob die Sache beliebigen Personen zum Genusse preisgegeben werden sollte. Ob das eine oder das andere vorliegt, kann nur nach den besonderen Umständen des einzelnen Falles entschieden werden.

Wird der Gegenstand ohne Bedingung der Geheimhaltung einem Handwerker zur Reparatur übergeben, so liegt darin weder ein Inverkehrbringen, noch ein anderer Akt der Benutzung. Zwar vermag der Handwerker hier sowohl selbst von der Erfindung Kenntnis zu nehmen, als auch durch Vorzeigung des Gegenstandes die Kenntnis weiter zu verbreiten, so daß die Möglichkeit einer Benutzung durch andere Sachverständige vorliegt. Dies genügt aber nicht, weil es an einem Benutzungsakte überhaupt fehlt. Die Abgabe der Sache zur Reparatur ist weder ein einzelnes Glied in einem allgemeinen Benutzungsvorgange, noch auch für sich selbst eine Benutzung im Sinne des Gesetzes. Ein Inverkehrbringen liegt darin nicht, weil die Sache nur zur Reparatur, nicht aber zur beliebigen Verfügung übergeben wird. Zwar muß dem hier vorgenommenen Akte in einem früheren Zeitpunkte die Herstellung des Gegenstandes voraufgegangen sein, und diese Herstellung ist nunmehr bekannt geworden. Es genügt aber nicht, daß die Herstellung nachträglich bekannt wird, sondern die Herstellung selbst muß, wie oben im allgemeinen schon ausgeführt wurde, offenkundig erfolgt sein, um als neuheitsschädlich in Betracht zu kommen. Auch hier mag es Fälle geben, in denen die Abgabe der Sache zur Reparatur ohne Geheimhaltungspflicht in ihren Konsequenzen, rein praktisch betrachtet, die gleiche Wirkung hat, wie eine offenkundige Herstellung oder ein Inverkehrbringen, z. B. wenn der Handwerker den Gegenstand in seinem

Laden offen liegen läßt, so daß jedermann in die Erfindung Einblick nehmen kann. Aber dieser kasuistische Gesichtspunkt ist nicht maßgebend, sondern entscheidend ist allein der Rechtsbegriff, der eine offenkundige Nutzbarmachung der Erfindung erfordert. Die Sache liegt hier nicht anders, als wenn der Erfinder, anstatt selbst den Erfindungsgegenstand herzustellen, von vornherein dem Handwerker gemäß Beschreibung die Herstellung übertragen hätte, ohne ihm die Geheimhaltung zur Pflicht zu machen. Auch hier würde kein neuheitsschädlicher Akt vorliegen, vorausgesetzt, daß der Handwerker seinerseits die Herstellung im geheimen vorgenommen hätte. Es ist indessen nicht außer acht zu lassen, daß hier lediglich die Abgabe der Sache zur Reparatur und nicht die Reparatur selbst betrachtet ist. Ist die Reparatur mit einer Herstellung gleichbedeutend und nimmt der Handwerker sie offenkundig vor, so wirkt eine solche Benutzung selbstverständlich neuheitsschädlich.

Zum Inverkehrbringen im Sinne des Gesetzes ist erforderlich, daß ein körperlicher Gegenstand der Erfindung dem Verkehr übergeben wird. Es genügt nicht, daß die Erfindung als solche in dem Sinne in den Verkehr gebracht wird, daß ihre Kenntnis zum Gemeingut des Verkehrs wird. Hierin liegt keine Benutzung der Erfindung und zwar im Sinne des Gesetzes selbst dann nicht, wenn es sich dabei um einen gewinnbringenden Akt handelt. Die Benutzung der Erfindung und die Benutzung der Kenntnis von der Erfindung sind wohl voneinander zu unterscheiden. Eine Benutzung der Erfindung kann auch stattfinden, ohne daß der Benutzer von der Erfindung Kenntnis hat. Ein Arbeiter, der die Maschine in Gang setzt, ohne für ihr Wesen Verständnis zu besitzen, ein Zwischenhändler, der den Gegenstand weitergibt, ohne in sein Wesen Einblick zu nehmen, ein Gebraucher, der die Vorteile des erfundenen Gegenstandes genießt, ohne sich um seine innere Einrichtung zu bekümmern, benutzt die Erfindung. Diese Benutzung ist neuheitsschädlich, obwohl die Benutzer selbst von der Erfindung keine Kenntnis haben, sofern sie so offenkundig erfolgt, daß darnach die Benutzung durch andere Sachverständige möglich erscheint. Ebenso kann auch andererseits die Kenntnis von der Erfindung nutzbar gemacht werden, ohne daß die Erfindung selbst benutzt wird. Dies ist z. B. der Fall, wenn die Erfindung zum Gegenstande eines öffentlichen Vortrags gemacht wird, der gegen Entgelt erfolgt. Hier wird lediglich die Kenntnis von der Erfindung in den Verkehr gebracht. Auch wenn auf diesem Wege die Kenntnis von der Erfindung Gemeingut geworden ist, befindet sich die Erfindung immer noch im Stadium der bloßen Erkenntnis. Liegt weiter nichts als die Beschreibung vor, so ist die Erfindung nicht einmal darauf erprobt, in welchem Maße ihrer Ausführung praktische Schwierigkeiten entgegenstehen, viel weniger nutzbar gemacht. Daß der Vortragende für sich selbst einen Nutzen erzielt hat, ist nicht entscheidend, denn nicht dieser, sondern der Nutzen, den die Erfindung kraft ihres eigenen Wertes zu stiften vermag, ist für den Begriff der Benutzung im Sinne des Gesetzes maßgebend[25]). Für die Benutzung in diesem Sinne, die aus der Erfindung den ihr innewohnenden Nutzen herausholt, ist das Inverkehrbringen eines Gegenstandes der Erfindung ein einzelner Akt. Der Vortrag gegen Entgelt hat dagegen keine andere Bedeutung, als eine druckschriftliche Veröffentlichung der Erfindung gegen Honorar, die als neuheitsschädliche Benutzung selbstverständlich nicht in Betracht kommt, wenn sie auch als Druckschrift patenthindernd ist. Es mag ferner darauf hingewiesen werden, daß gegebenenfalls auch keiner von beiden Vorgängen eine Verletzung des erteilten Patentes unter dem Gesichtspunkte eines Inverkehrbringens der patentierten Erfindung enthalten würde, weil der Patentinhaber hier im Absatz seiner Ware in keiner Weise geschmälert wird, sondern im Gegenteil, infolge der weiteren Verbreitung der Kenntnis von seiner Erfindung, die ihm zugleich die eigene Reklame erspart, nur einen erhöhten Absatz erwarten kann.

Das Inverkehrbringen bezweckt, den im Verkehr vorhandenen Bedarf nach dem Gegenstande der Erfindung zu decken.

---

[25]) Vgl. dagegen Bl. 1903 S. 227 RG., welches diesen Unterschied außer acht läßt, und dazu unter Note 35.

Hieraus folgt nicht nur, daß der Gegenstand so beschaffen sein muß, daß in ihm die praktische Bedeutung der Erfindung zur Geltung kommt, sondern es ist auch erforderlich, daß der Gegenstand, sei es zunächst auch nur im Zwischenhandel, dem Verkehr zur Befriedigung des Bedürfnisses, dem die Erfindung dienen soll, übergeben wird. Ob der Gegenstand demnächst zu diesem Zwecke wirklich verwendet wird, oder ob er in ganz anderer Weise oder gar nicht gebraucht wird, ist unerheblich. Es ist auch nicht erforderlich, daß seine Zweckbestimmung beim Akte des Inverkehrbringens besonders zum Ausdruck kommt, sondern es genügt, daß der Gegenstand zur beliebigen Verfügung übergeben wird. In der unbeschränkten Verfügung ist auch die Verfügung über den bestimmungsmäßigen Gebrauch enthalten. Welches der Zweck der Übergabe ist, muß nach den Umständen des einzelnen Falles entschieden werden. Wird der Gegenstand gegen Entgelt geliefert, so wird damit regelmäßig die unbeschränkte Verfügungsbefugnis übertragen. Wird der Gegenstand hingegen unentgeltlich einem Institute oder Museum gestiftet, um dort lediglich dem Anschauungsunterrichte zu dienen, so liegt darin kein Inverkehrbringen im Sinne einer Ausnutzung der Erfindung. Hat jedoch der Leiter des Instituts den Gegenstand im Verkehr käuflich erworben, so hat er ihn zur unbeschränkten Verfügung erhalten, und es kommt nicht darauf an, ob der Gegenstand von ihm nur für den Unterricht bestimmt ist, weil hier auf seiten des Verkäufers eine Nutzbarmachung der Erfindung vorliegt. Wird demnächst der Gegenstand bei einem öffentlichen Vortrage zur Veranschaulichung der Erfindung benutzt, so liegt auch in dieser Benutzung kein Inverkehrbringen, denn hier wird nicht der Gegenstand selbst, der im Besitze des Instituts verbleibt, sondern nur dessen Kenntnis in den Verkehr gebracht.

Auch darin, daß ein Gegenstand der Erfindung auf einer öffentlichen Ausstellung zur Schau gestellt wird, ist keine Benutzung im Sinne des Gesetzes zu erblicken, falls mit dieser Schaustellung nicht etwa ein Feilhalten verbunden ist. Hier wird die Erfindung nur zur allgemeinen Kenntnis gebracht, während ihr Gegenstand selbst im Besitze des Ausstellers verbleibt. Die bloße Verbreitung der Kenntnis von der Erfindung ist aber nur dann neuheitsschädlich, wenn sie durch druckschriftliche Veröffentlichung erfolgt. Werden einzelne Gegenstände, wenn auch unentgeltlich und nur zur Reklame, an die Besucher der Ausstellung abgegeben, wie dies bei billigen Massenartikeln üblich ist, so liegt darin selbstverständlich ein Inverkehrbringen, denn die Empfänger erhalten die Gegenstände zur beliebigen Verfügung. Werden auf der Ausstellung Spiel- oder Vergnügungseinrichtungen der Benutzung freigegeben, so kann neben dem offenkundigen Gebrauche auch ein Inverkehrbringen als neuheitsschädlich in Betracht kommen.

Wird die Erfindung unter Übergabe eines gebrauchsfähigen Gegenstandes als Modell beim Patentamte zum Gebrauchsmusterschutz angemeldet[26]), so wird der übergebene Gegenstand zwar jedermann zugänglich, aber nur zur Besichtigung, um die angemeldete Erfindung zu identifizieren, nicht zum Gebrauche oder zu beliebiger Verfügung.

Setzt sich der Erfinder, z. B. der Inhaber eines ausländischen Patents, mit einer beliebigen Fabrikleitung im Inland in Verbindung, indem er ihr unter Übersendung eines Gegenstandes der Erfindung eine Lizenz für ein im Inlande noch anzumeldendes Patent anbietet, so liegt darin kein Inverkehrbringen, vorausgesetzt, daß die Übersendung des Gegenstandes nicht zur freien Verfügung erfolgt, sondern daß dessen Rückgabe entweder ausdrücklich ausbedungen wird oder den Umständen nach als selbstverständliche Pflicht des Empfängers erscheint. Es kommt hier nicht darauf an, ob die Übersendung offenkundig geschieht, so daß beliebige Personen von dem Gegenstande der Erfindung Kenntnis nehmen können; denn auch der Empfänger, der selbst eine beliebige im Verkehr stehende Person ist, erhält von der Erfindung Kenntnis und kann diese Kenntnis weitertragen. Hier hat im Inlande eine Benutzung im Sinne des Gesetzes nicht stattgefunden. Der übersandte Gegenstand ist dem Empfänger nicht zur Benutzung, d. h. zur Deckung des Bedarfs oder zur unbeschränkten Ver-

---

[26]) Bl. 1900 S. 21 RG.

fügung übergeben, sondern er dient nur dazu, die in ihm zur Ausführung gekommene Erfindung zu veranschaulichen. Der Erfinder hat hier nur den Versuch unternommen, sein Recht an der Erfindung nutzbar zu machen. Eine Nutzbarmachung der Erfindung im Sinne des Gesetzes, d. h. die Herstellung, das Feilhalten und Inverkehrbringen, sowie der Gebrauch des Gegenstandes der Erfindung ist hier für das Inland nur erst in Aussicht genommen; sie soll erfolgen, wenn der Lizenzvertrag abgeschlossen und der Anspruch auf Patenterteilung durch Anmeldung der Erfindung gesichert ist. Nur in der Verwertung des Rechts an der Erfindung, nicht in ihrer Benutzung hat der Erfinder bereits Schritte unternommen. Auch ein Feilhalten liegt nicht vor, denn es würde dem Vertragsanerbieten nicht entsprechen, wenn der Empfänger der Sache diese in Gebrauch nehmen oder in Verkehr bringen, den Erfinder aber mit dem für die Sache zu zahlenden im Auslande üblichen Kaufpreise abfinden wollte.

Das Inverkehrbringen erfordert, wie bereits oben bemerkt wurde, nicht, daß die Sache einer bestimmten Person übergeben wird. Die Aufstellung eines Briefmarkenautomaten durch die Postverwaltung oder eines Feuermeldeapparates durch die Feuerwehr auf einem öffentlichen Platze enthält ein Inverkehrbringen dieser Gegenstände, die dem Gebrauche durch das Publikum für den Fall des vorhandenen Bedürfnisses dienen sollen. Daß das Bedürfnis an dem Gebrauche beim Feuermelder durch ein besonderes Ereignis bedingt ist, schließt das Inverkehrbringen nicht aus, weil es für diesen Akt unerheblich ist, ob der in Verkehr gebrachte Gegenstand demnächst gebraucht wird oder nicht.

c) Das Feilhalten.

Dem Inverkehrbringen des körperlichen Gegenstandes der Erfindung geht in vielen Fällen ein Feilhalten vorauf. Will der Hersteller die Ware in ausgiebigem Maße absetzen, so muß er sie auf den Markt bringen. Auch das Feilhalten ist daher ein Akt neuheitsschädlicher Benutzung, sofern es offenkundig erfolgt und die Erfindung erkennbar macht[27]). Denn es genügt als Vorgang, um andere zu veranlassen, gleichfalls die Ware herzustellen und auf den Markt zu bringen. Wird aber der Markt auf diese Weise versorgt, so ist damit der Zustand herbeigeführt, daß jeder, der die Erfindung in Gebrauch zu nehmen wünscht, und die erforderlichen Kosten zu tragen gewillt ist, durch Anschaffung des mit der Erfindung ausgestatteten Gegenstandes seinen Bedarf zu decken vermag.

Das Feilhalten als Benutzungsvorgang im Sinne des § 2 des PG. setzt die Vorlegung eines Gegenstandes voraus, in welchem die Erfindung nutzbar gemacht ist[28]).

Ist hier ein Gegenstand nach der Erfindung überhaupt noch nicht hergestellt, so liegt zwar an sich in dem Feilhalten des noch herzustellenden Gegenstandes auch hier eine auf Nutzbarmachung der Erfindung gerichtete Handlung vor. Indessen befindet sich die Erfindung hier noch im Stadium der bloßen Erkenntnis, nicht aber im Stadium der Nutzbarmachung[29]). Ob die Erfindung ausführbar ist, läßt sich nur erst in der Theorie feststellen, ist aber durch die Tat noch nicht erwiesen.

Ist hingegen bereits ein mit der Erfindung ausgestatteter Gegenstand für den Absatz hergestellt, aber nur im geheimen, und erfolgt nunmehr die Offerte lediglich auf Grund einer Beschreibung, oder einer Zeichnung, oder eines beschreibenden Modells, so ist hier zwar der erste Akt der Nutzbarmachung der Erfindung, nämlich die Herstellung, geschehen, aber dieser Akt ist kein offenkundiger gewesen. Was offenkundig geschehen ist, hat lediglich die Bedeutung einer Kenntnisgabe der Erfindung. Diese Kenntnisgabe hat sich zu einer offen wahrnehmbaren Benutzung noch nicht verdichtet und

---

27) Bl. 1894/95 S. 93 RG.

28) Vgl. jedoch Pbl. 1881 S. 15 RG., welches schon in der Versendung von Zirkularen mit Zeichnungen unter dem Gesichtspunkt des Feilhaltens eine Benutzung der Erfindung erblickt, ohne dafür eine Begründung zu geben, während M. u. W. X S. 224 KG. den hier außer Betracht bleibenden Fall der Patentverletzung behandelt, für den ganz andere Gesichtspunkte maßgebend sind.

29) Vgl. S. 21.

hat folglich auch nicht die neuheitsschädliche Wirkung einer solchen. Die den Verkehr repräsentierende Person kann aus einem Angebote, das nur durch ein beschreibendes Modell belegt ist, keinen größeren Anreiz zur Benutzung entnehmen, als die bloße Kenntnisgabe von der Erfindung ihrer Natur nach enthält. Sollte es auf Grund einer solchen Kenntnisgabe zu einer wirklichen Herstellung und weiteren Nutzbarmachung kommen, so enthalten diese Akte keine Nachbenutzung, sondern eine originäre Benutzung. Die bloße Nachahmung der mit einem Modell belegten Offerte würde sich dem Vorbilde entsprechend darauf beschränken, gleichfalls Modelle herzustellen und diese in den Verkehr bringen. Durch solche Nachahmungen würde aber die Erfindung selbst nicht Gegenstand der Benutzung im Verkehr. Setzt man aber den Fall, daß lediglich auf Grund von Offerten an der Hand eines beschreibenden Modells Gegenstände der Erfindung im großen Stile in Verkehr gebracht sind, so hat auch hier nur ein neuheitsschädliches Inverkehrbringen, nicht ein neuheitsschädliches Feilhalten stattgefunden.

Wird hingegen nicht ein bloßes Modell, sondern ein mit der Erfindung ausgestatteter Gebrauchsgegenstand mit der Offerte vorgelegt, so kommt es nicht darauf an, ob dieser Gegenstand selbst in den Verkehr gelangen soll, oder ob er beim Feilhalten nur als Muster für noch herzustellende oder bereits hergestellte Gegenstände dient. Hier wird nicht ein bloßes Modell, sondern ein die Erfindung verwirklichender Gegenstand offenkundig benutzt. Erst der mit der Erfindung ausgestattete Gegenstand gewährt die volle Möglichkeit, sich von der Brauchbarkeit der Erfindung zu überzeugen, weil hier die Gelegenheit geboten ist, die Gebrauchsfähigkeit des Gegenstandes nicht nur auf Grund von bloßen Vermutungen, sondern auf Grund eines praktischen Gebrauchsversuchs mit Sicherheit unmittelbar festzustellen. Wer hier dem Reize des gegebenen Beispiels folgen will, ist in der Lage, als Nachbenutzer alle in Betracht kommenden Akte der Benutzung vorzunehmen. Er kann den Gegenstand der Erfindung herstellen, feilhalten, in Verkehr bringen und gebrauchen. Als

Nachbenutzung kommt hier, wie schon oben im allgemeinen ausgeführt wurde, nicht etwa nur das Feilhalten des Gegenstandes als Muster, sondern die Nutzbarmachung der Erfindung im ganzen Umfange in Betracht, ebenso wie bei der offenkundigen Herstellung nicht bloß diese Herstellung, sondern auch alle übrigen Akte der Benutzung in Betracht zu ziehen sind, da weder das bloße Feilhalten noch auch die bloße Herstellung für sich allein eine selbständige Nutzbarmachung der Erfindung bilden. Trotz ihrer Eigenschaft als bloßer Glieder eines Gesamtvorganges der Nutzbarmachung genügen diese Akte doch als Vorgang, um darnach alle überhaupt in Betracht kommenden Akte der Nutzbarmachung vorzunehmen. Daß der als Muster dienende Gegenstand nicht selbst in den Verkehr gelangen soll, ist bedeutungslos; denn das Feilhalten bildet für sich einen besonderen Akt der Benutzung und ist nicht etwa nur unter dem Gesichtspunkte eines Versuchs des Inverkehrbringens neuheitsschädlich. Zwar geht das Feilhalten darauf aus, den Gegenstand der Erfindung in den Verkehr zu bringen, es ist aber dessenungeachtet für sich allein neben dem Inverkehrbringen ein vollwertiger Benutzungsakt, und es ist nicht erforderlich, daß auf Grund des Feilhaltens auch nur ein einziger Gegenstand in den Verkehr gelangt. Dem Zwecke des Feilhaltens, Gegenstände der Erfindung in den Verkehr zu bringen, dient aber auch die Vorlegung des Musters und aus diesem Grunde ist das Feilhalten hier neuheitsschädlich, weil dabei ein gebrauchsfertiger Gegenstand vorgelegt ist. Auch eine bloße Beschreibung oder ein beschreibendes Modell vermag schon diesem Zwecke zu dienen, und sie sind nur deshalb nicht neuheitsschädlich, weil sie die Erfindung bloß beschreiben und die werbende Kraft für eine Nachbenutzung der Erfindung im Sinne des Gesetzes nicht besitzen.

Das Feilhalten als Benutzungsakt im Sinne des Gesetzes muß darauf gerichtet sein, den im Verkehr vorhandenen Bedarf zu befriedigen. Daß das Feilhalten dem Verkehr, d. h. einer beliebigen den Verkehr repräsentierenden Person, oder der Allgemeinheit gegenüber erfolgen muß, entspricht schon dem Wortsinn des Feilhaltens und wird bestätigt durch die Zusammenstellung des Feilhaltens mit dem Inverkehrbringen. Enthält die vollzogene Lieferung des Gegenstandes kein Inverkehrbringen, so wird in dem voraufgegangenen Angebot auch kein Feilhalten im Sinne des Gesetzes zu erblicken sein. Immerhin ist es möglich, daß das Feilhalten neuheitsschädlich, dagegen das darauffolgende Inverkehrbringen nicht neuheitsschädlich ist, nämlich, wenn das Feilhalten im Inlande, die Lieferung aber im Auslande erfolgt. Hiervon abgesehen gelten vom Feilhalten in der angegebenen Beziehung die gleichen Grundsätze wie vom Inverkehrbringen. Wenn also der Erfinder den von ihm erfundenen und hergestellten Gegenstand einem Freunde unentgeltlich anbietet, so liegt darin kein neuheitsschädliches Feilhalten, weil hier das Angebot nicht an den Verkehr gerichtet ist.

Wie das Inverkehrbringen, so wird auch das Feilhalten in der Regel gewerbsmäßig erfolgen. Indessen ist die Gewerbsmäßigkeit hier ebensowenig wie dort ein wesentliches Erfordernis. Auch ist es hier ebensowenig wie dort erforderlich, daß die Lieferung gegen Entgelt erfolgen soll. In dieser Beziehung kann auf die früheren Ausführungen verwiesen werden.

Ist beim Feilhalten die Erfindung in dem vorgelegten Gegenstande nicht erkennbar, so daß auch ein Sachverständiger sie nicht zu erkennen vermag, so ist das Feilhalten nicht neuheitsschädlich, ebensowenig, wie dies beim Inverkehrbringen des Gegenstandes der Fall ist. Das Feilhalten gewährt indessen regelmäßig nur die Möglichkeit der Besichtigung, nicht etwa auch, wie dies beim Inverkehrbringen die Regel bildet, die unbeschränkte Verfügung über die Sache. Es ist daher erforderlich, daß schon bei der bloßen Besichtigung oder einem probeweisen Gebrauch des Gegenstandes, falls dieser gestattet ist, die Erfindung für den Sachverständigen erkennbar wird. Bedarf es der Zerstörung des Gegenstandes, um die Erfindung offenzulegen, so liegt im Feilhalten keine offenkundige Benutzung der Erfindung, es sei denn, daß bei dem geringen Werte des vorgelegten Musters im Verhältnis zu dem Umfange der erwarteten Bestellung bei der Besichtigung auch die Zerstörung gestattet ist. Hier kommt das Feilhalten dann dem Inverkehrbringen sehr nahe.

Auch das Feilhalten im Sinne des Gesetzes bezweckt wie das Inverkehrbringen, den im Verkehr vorhandenen Bedarf nach dem Gegenstande der Erfindung zu decken. Der Gegenstand muß also zum Zwecke des Gebrauchs oder zu beliebiger den Gebrauch einschließender Verfügung angeboten werden. Daß das Angebot im Zwischenhandel erfolgt, so daß der Gebrauchsbedarf erst in zweiter oder späterer Hand gedeckt werden soll, schließt die Neuheitsschädlichkeit des Angebots nicht aus. Wird hingegen der Gegenstand unentgeltlich einem Museum oder Lehrinstitut angeboten, um dort lediglich der Belehrung zu dienen, so liegt darin kein neuheitsschädliches Feilhalten, weil hier der Gegenstand nicht zur unbeschränkten Verfügung überlassen werden soll. Soll die Lieferung an das Institut gegen Entgelt erfolgen, so wird dem Angebot, insofern es hier auf Überlassung zur unbeschränkten Verfügung gerichtet ist, die Bedeutung des Feilhaltens im Sinne des Gesetzes beizulegen sein. Eine Schaustellung des Gegenstandes auf einer Ausstellung ist neuheitsschädlich, wenn damit die Lieferung angeboten wird.

Das Feilhalten braucht nicht einer bestimmten Person gegenüber zu erfolgen. Es genügt auch, daß der Gegenstand, z. B. durch Auslage in einem Schaufenster, der Allgemeinheit angeboten wird. Für die Frage, ob die Erfindung offengelegt ist, kommt dann nicht nur die Auslage im Schaufenster in Betracht, sondern es ist auch zu berücksichtigen, daß im Sinne der Offerte jeder beliebige Kauflustige den Laden betreten und von der Möglichkeit genauer Besichtigung Gebrauch machen kann.

Inverkehrbringen und Feilhalten kommen einander sehr nahe, wenn der erfundene Gegenstand, z. B. ein Automat, der Waren enthält, zum allgemeinen Gebrauche an einem öffentlichen Orte aufgestellt ist. Hier wird der Allgemeinheit nicht nur die Ware (als Kaufgegenstand), sondern zugleich der Gebrauch des Automaten (zur Miete oder Leihe) angeboten. Man kann hier in der Aufstellung des Automaten einmal ein Inverkehrbringen unter dem Gesichtspunkt der Leihe erblicken, insofern der Automat hier ohne Entgelt der Allgemeinheit zum Zwecke, aus ihm Waren käuflich zu entnehmen, überlassen ist. Man kann darin aber auch ein bloßes Feilhalten finden, insofern das noch einzuzahlende Geldstück nicht ausschließlich als Kaufpreis für die Ware, sondern zugleich als Mietsentschädigung für den Automaten gilt. In keinem Falle ist es erforderlich, daß ein Gebrauch des Automaten wirklich stattgefunden hat; vielmehr ist schon die bloße Aufstellung entweder unter dem Gesichtspunkte des Inverkehrbringens oder des Feilhaltens neuheitsschädlich.

d) Der Gebrauch.

Während die Akte der Herstellung, des Inverkehrbringens und des Feilhaltens bei der von uns bisher betrachteten Erfindung eines körperlichen Gegenstandes nur einzelne Phasen der Nutzbarmachung im allgemeinen sind, bildet der Gebrauch die Benutzung der Erfindung im engen und eigentlichen Sinne. Der Gebrauch holt aus der Erfindung den ihr innewohnenden Nutzen heraus, sei es, daß der Gebraucher sich mit dem Gegenstande günstigere Arbeitsbedingungen für die Erzeugung anderer Werte verschafft, sei es, daß er den Gegenstand unmittelbar zur Befriedigung irgendeines Bedürfnisses verwendet.

Eine bloße Vorlegung des Gegenstandes zur Besichtigung, um auf diese Weise die Kenntnis von der Erfindung zu vermitteln, ist noch kein Gebrauch[30]). Auch wenn die Vorlegung oder Schaustellung zu dem Zwecke erfolgt, Bestellungen auf den Gegenstand zu erhalten, liegt nicht etwa neben dem Feilhalten auch noch ein Gebrauch vor.

Beschränkt sich der Vorgang nicht auf eine bloße Schaustellung des Gegenstandes, sondern wird dabei die Erfindung

---

[30]) Vgl. jedoch Bl. 1906 S. 262 RG., welches hier schon in der bloßen Vorzeigung und Erläuterung des Gegenstandes eine Benutzung erblickt, ohne indessen anzugeben, inwiefern darin eine Nutzbarmachung zu finden ist. Wäre die bloße Vorzeigung und Erläuterung neuheitsschädlich, so müßte ja auch die Auslegung eines Gebrauchsmusters im Patentamte neuheitsschädlich sein. Abwegig auch Ztschr. f. Industrierecht. 1913 S. 95 KG.

zugleich in ihrer Funktion vorgeführt, so ist auch darin noch nicht ohne weiteres ein Gebrauch zu erblicken. Eine Maschine, die im Leerlauf vorgeführt wird, wird nicht gebraucht. Aber selbst dann, wenn die Vorführung im Arbeitsgange erfolgt, findet ein Gebrauch im Sinne neuheitsschädlicher Benutzung nicht statt, falls der Vorgang sich auf die Veranschaulichung der Maschine und ihres Arbeitsganges beschränkt, also nicht weiter geht, als es für diesen Zweck gerade notwendig ist, so daß eine wirtschaftliche Nutzbarmachung der Maschine dabei nicht stattfindet. Dasselbe gilt, wie schon zu dem Akte der Herstellung ausgeführt wurde, von einem Probelauf der Maschine, den der Fabrikant für sich selbst veranstaltet. Auch hier handelt es sich nur darum, daß der Fabrikant seine Maschine in ihrem Arbeitsgange kennen lernen will, also um Erkenntnis, nicht um Nutzbarmachung[31]).

Wird die Erfindung zum Gegenstande eines Vortrags gemacht, so liegt auch darin weder, wie bereits oben ausgeführt wurde, ein Inverkehrbringen, noch auch ein Gebrauch. Denn der Vortrag dient nur der weiteren Verbreitung der Kenntnis von der Erfindung; er macht die Erfindung, selbst wenn er gegen Entgelt gehalten wird, nicht, wenigstens nicht im Sinne des Gesetzes, nutzbar. Dies gilt auch dann, wenn bei dem Vortrage die Erfindung an einem mit ihr ausgestatteten und im Gebrauche lediglich veranschaulichten Gegenstande vorgeführt wird[32]). Auch hier bildet der vorgeführte Gegenstand nur ein Hilfsmittel für den Vortrag und dient wie dieser nur der Verbreitung der Kenntnis von der Erfindung.

Handelt es sich bei dem erfundenen Gegenstande um ein Lehrmittel, das dem Unterricht zu dienen bestimmt ist, so ist zu unterscheiden: Die bloße Vorführung des Gegenstandes zum Zwecke der Belehrung über dessen Einrichtung enthält auch hier noch keinen Gebrauch, sondern fällt in das Gebiet der Beschreibung. Dagegen findet ein Gebrauch statt, wenn

---

[31]) M. u. W. XI S. 545 OLG. Celle.

[32]) Vgl. dagegen Bl. 1900 S. 23 RG., welches a. a. O. die rechtliche Bedeutung der Benutzung nach dem Gesetze nicht genügend beachtet.

der erfundene Gegenstand als Mittel für den Unterricht verwendet wird. Hier wird nicht bloß die Erfindung als solche an der Hand des vorgelegten Gegenstandes beschrieben, sondern der vorgelegte Gegenstand wird darüber hinaus als Lehrmittel im Unterricht seinem Zwecke gemäß nutzbar gemacht.

Der Gebrauch des Gegenstandes muß ein solcher sein, daß dabei aus der Erfindung der ihr innewohnende Nutzen herausgeholt wird. Indessen ist es nicht erforderlich, daß der Gegenstand gerade in der Richtung nutzbar gemacht wird, die der Erfinder bei der Erfindung im Auge gehabt hat, wenngleich dies die Regel bilden wird. Es kann z. B. ein als Spielzeug erfundener Gegenstand sich auch in einer ganz andern vom Erfinder gar nicht vorausgesehenen Richtung als höchst brauchbar erweisen. Findet infolgedessen eine Nutzbarmachung der Erfindung in dieser Richtung statt, so liegt auch hierin ein Gebrauch im Sinne des Gesetzes.

Ein zweckloses Zerstören des erfundenen Gegenstandes enthält keine Nutzbarmachung der Erfindung und ist folglich auch kein Gebrauch. Dagegen kann die Benutzung auch in einem Verbrauche bestehen, wenn dies dem Zwecke der Erfindung entspricht; um neuheitsschädlich zu sein, muß dann allerdings der Verbrauch das Wesen der Erfindung offenlegen.

Der Gebrauch ist nur dann neuheitsschädlich, wenn er offenkundig, d. h. nicht im geheimen erfolgt. In dieser Beziehung kann im allgemeinen auf die früheren Ausführungen verwiesen werden.

Offenkundigkeit liegt nur dann vor, wenn andere Personen von der Benutzung Kenntnis nehmen konnten, ohne zur Geheimhaltung verpflichtet zu sein. Dies gilt für den Akt des Gebrauchs nicht weniger wie für die Akte des Herstellens, Inverkehrbringens und Feilhaltens. Bei der Frage, ob eine Pflicht zur Geheimhaltung besteht, scheidet daher die Person des Gebrauchers wie des Herstellers usw. ganz aus. Erfolgt der Gebrauch tatsächlich im geheimen, so ist er nicht deshalb neuheitsschädlich, weil der Gebraucher an und für sich frei und ungehindert ist, andern Personen den gebrauchten Gegenstand zu zeigen. Bei Bandagen, die im geheimen getragen werden, findet folglich ein neuheitsschädlicher Gebrauch nicht statt, und selbst darin, daß der gebrauchte Gegenstand außer Funktion andern Personen gezeigt wird, liegt noch kein Gebrauch. Nur wenn der gebrauchte Gegenstand beliebigen Personen im Gebrauche gezeigt wird, findet eine neuheitsschädliche Benutzung der Erfindung statt. Für Gebrauchsgegenstände dieser Art kommt daher für die Praxis weniger der Gebrauch als das Inverkehrbringen und Feilhalten neuheitsschädlich in Betracht.

Zur Neuheitsschädlichkeit des Gebrauchs ist ferner erforderlich, daß dabei die Erfindung für andere Personen, vorausgesetzt, daß diese das genügende Sachverständnis besitzen, erkennbar wird. Es genügt nicht, daß der Nutzen, den die Erfindung stiftet, erkennbar ist, sondern die Erfindung muß in ihrem Wesen selbst so erkennbar in die Erscheinung treten, daß darnach andere Sachverständige gleichfalls die Erfindung benutzen, d. h. selbständig Gegenstände der Erfindung herstellen oder herstellen lassen können, die dann in den Verkehr gebracht, feilgehalten und gebraucht werden können. Die Nachbenutzung durch andere Sachverständige muß durch unmittelbare aus dem Gegenstande und seinem Gebrauch selbst geschöpfte Erkenntnis ermöglicht sein; es genügt nicht, daß die Erkenntnis bei Gelegenheit des Gebrauchs durch Beschreibung vermittelt wird. Wird eine Maschine, deren Einrichtung trotz genauer Besichtigung nicht erkennbar ist, im praktischen Gebrauche vorgeführt und zugleich in ihrer Zusammensetzung erläutert, so liegt darin kein neuheitsschädlicher Akt der Benutzung. Zwar hat hier der Sachverständige mit der Erkenntnis auch die Möglichkeit gewonnen, eine Nachbenutzung durch selbständige Herstellung usw. vorzunehmen, und er hat sich zugleich von der praktischen Brauchbarkeit der Maschine aus eigener Anschauung zu überzeugen vermocht. Aber er hat die Erkenntnis von der Erfindung nicht aus dem erfundenen Gegenstande und dessen Benutzung entnommen, sondern aus der in Verbindung damit erfolgten Beschreibung. Seine Erkenntnis beruht allein auf Belehrung. Ob die ihm zuteil gewordene Auskunft richtig ist oder nicht, vermag er nicht mit

Sicherheit festzustellen, wenn die Demontierung der Maschine nach Lage der Sache nicht möglich oder nicht gestattet ist. Er ist vielmehr bei der Nachprüfung auf die größere oder geringere objektive Wahrscheinlichkeit der erteilten Auskunft und im übrigen auf die persönliche Zuverlässigkeit des Erteilers der Auskunft angewiesen. Eine auf diesem Wege erworbene Erkenntnis hat aber nicht die starke Bedeutung einer auf unmittelbarer Anschauung beruhenden Erkenntnis, bei der sich der Sachverständige mit eigenen Augen von dem Wesen der Erfindung zu überzeugen vermag. Nur im letzteren Falle liegt als Vorgang ein Akt der Benutzung vor, der andern Sachverständigen ohne weiteres die Nachbenutzung ermöglicht, während im ersteren Falle auf Grund der bloßen Vorbenutzung die Nachbenutzung an und für sich nicht möglich ist, sondern erst durch die zugleich erfolgte Beschreibung der Erfindung ermöglicht wird. Nur im letzteren Falle ist daher die später folgende Nachbenutzung eine wirkliche Nachbenutzung, während im ersteren Falle eine eigentliche Nachbenutzung, d. h. eine nach Vorbild erfolgende Benutzung nicht stattfinden kann. Selbstverständlich liegt indessen in dem erfolgten Gebrauche der Maschine ein Akt der Benutzung dann nicht weniger vor, wenn die Erkenntnis der Maschine an und für sich dem Sachverständigen möglich war und durch eine Beschreibung der der Erfindung nur erleichtert worden ist.

B. Die Benutzung einer Einrichtung.

Bisher haben wir den Fall betrachtet, daß die Erfindung in einem körperlichen Gegenstande besteht, der als solcher herstellbar ist, in Verkehr gebracht, feilgehalten und gebraucht werden kann. Was von diesem Fall gilt, gilt auch von einer erfundenen Einrichtung, die in einer Kombination mehrerer an sich selbständiger körperlicher Gegenstände besteht, welche in ihrer Vereinigung nach einer bestimmten Richtung hin einen Gebrauch gestatten, bei der der Nutzen der Erfindung zur Geltung kommt. Hier ist in erster Linie die offenkundige Herstellung der Einrichtung, d. h. das Zusammenbringen der verschiedenen körperlichen Gegenstände neuheitsschädlich, sofern schon hierbei die Erfindung in die Erscheinung tritt. Das Inverkehrbringen und Feilhalten ist zwar auch nicht ausgeschlossen, hat aber, falls es sich nicht um Gebrauchsgegenstände handelt, die als solche zusammengehören, praktisch nur geringe Bedeutung. Denn die nicht zusammengehörigen Gegenstände werden nur in seltenen Fällen so auf den Markt gebracht werden, daß dabei die Erfindung erkennbar wird. Den Hauptfall bildet hier jedenfalls der offenkundige Gebrauch, insofern dieser die Erfindung dem Sachverständigen offenlegt.

C. Die Benutzung eines Verfahrens.

Bildet ein Verfahren den Gegenstand der Erfindung, so finden für den Gebrauch, d. h. die Anwendung des Verfahrens im wesentlichen die gleichen Grundsätze, die vom Gebrauche körperlicher Gegenstände gelten, Anwendung.

Andere Benutzungsakte als der Gebrauch kommen beim Verfahren nicht in Betracht.

Daß das Verfahren nicht Gegenstand der Herstellung sein kann, ist allgemein anerkannt[33]).

Aber auch ein Inverkehrbringen oder Feilhalten des Verfahrens im Sinne neuheitsschädlicher Benutzung findet nicht statt[34]). Wird die Kenntnis des Verfahrens beliebigen andern Personen zugänglich gemacht, so daß diese Personen, falls sie sachverständig sind, nun ihrerseits das Verfahren entweder selbst anwenden oder durch andere anwenden lassen können, so beruht dies entweder darauf, daß das Verfahren vor ihren Augen nutzbar gemacht wird, oder daß ihnen das Verfahren lediglich durch Beschreibung verständlich gemacht wird. Eine Benutzung der Erfindung liegt nur im ersteren, nicht im letzteren Falle vor. Selbst wenn das Verfahren in einem öffentlichen Vortrage, vielleicht sogar gegen Entgelt, beschrieben

---

33) Bl. 1904 S. 266 RG.

34) Vgl. jedoch Bl. 1898 S. 144 RG. und Bl. 1900 S. 197 RG. Diese Entscheidungen betreffen indessen den Fall der Patentverletzung und sind deshalb hier nicht weiter zu behandeln.

wird, liegt darin keine Benutzung der Erfindung im gesetzlichen Sinne. Eine Nutzbarmachung in diesem Sinne liegt ja auch nicht darin, daß das Verfahren druckschriftlich gegen Honorar veröffentlicht wird, wenngleich dieser Vorgang unter einem andern Gesichtspunkte neuheitsschädlich ist. Zur Benutzung ist erforderlich, daß die Erfindung selbst durch Anwendung nutzbar gemacht wird; eine bloße Belehrung über die Erfindung, auch wenn sie gegen Entgelt erfolgt, genügt nicht[35]). Nur die Anwendung des Verfahrens selbst ermöglicht die Nachbenutzung, nicht aber die bloße Verbreitung der Kenntnis von dem Verfahren. Wird auf Grund der durch Belehrung erlangten Kenntnis demnächst das Verfahren benutzt, so ist dies eine originäre Benutzung, keine Nachbenutzung. Vielleicht ist dieser Benutzung eine Vorbenutzung überhaupt nicht voraufgegangen; jedenfalls aber hat eine früher etwa schon erfolgte Benutzung hier nicht als Vorbild gedient.

Es mag wohl dem Sprachgebrauche entsprechen, zu sagen, daß ein Verfahren in den Verkehr gebracht sei, wenn der tatsächliche Zustand geschaffen ist, daß das Verfahren im Verkehr überall da, wo ein Bedürfnis nach seiner Anwendung besteht, auch tatsächlich zur Anwendung kommen kann. Dieser Zustand kann allerdings dadurch herbeigeführt werden, daß das erfundene Verfahren vom Erfinder durch bloße Beschreibung öffentlich kundgegeben wird. Wollte man indessen in dieser Kundgebung ein Inverkehrbringen im Sinne einer Benutzung erblicken, so würde damit die Grenze zwischen den beiden verschiedenen neuheitsschädlichen Vorgängen, nämlich der druckschriftlichen Veröffentlichung einerseits und der offenkundigen Benutzung andererseits, vollkommen verwischt werden[36]). Für den Begriff des Inverkehrbringens ist nicht der

[35]) Vgl. dagegen Bl. 1901 S. 9 (14) RG. und Bl. 1903 S. 227 RG., welches mit Unrecht auf die Verbreitung der Kenntnis und die Möglichkeit, sich die Kenntnis zu verschaffen, entscheidendes Gewicht legt. Vgl. im übrigen Note 25.

[36]) Vgl. jedoch M. u. W. X S. 50 RG., welches in dem Inverkehrbringen eines Rezeptes eine Benutzung der Erfindung erblickt, ohne dafür eine nähere Begründung zu geben. Wäre diese Anschauung richtig,

Sprachgebrauch schlechthin entscheidend, sondern der Begriff des Inverkehrbringens ist nach dem Gesetze dahin einzuschränken, daß er eine Nutzbarmachung der Erfindung enthalten muß.

Ein Inverkehrbringen des Verfahrens liegt auch nicht darin, daß das Verfahren durch eine und dieselbe Person in einer ganzen Reihe von Fällen bei beliebigen andern Personen, die sich die Vorteile des Verfahrens verschaffen wollen, zur Anwendung gebracht wird. Denn hier liegt zunächst nur eine Anwendung des Verfahrens durch eine einzelne Person, nicht durch den Verkehr vor. Ist die Anwendung des Verfahrens eine geheime, so ist das Verfahren nicht in den Verkehr gebracht, ist sie offenkundig, so ist es schon der bloße Gebrauch, welcher neuheitsschädlich wirkt, sofern er die Anwendung des Verfahrens durch andere Sachverständige ermöglicht. Ein bebesonderes von dem Akte des Gebrauchs verschiedenes Inverkehrbringen findet daneben nicht statt.

Ist die Anwendung des Verfahrens vom Erfinder lediglich angeboten und zwar so, daß das Verfahren in einem dem Angebote beigefügten Rezepte beschrieben ist, so liegt auch hierin kein neuheitsschädliches Inverkehrbringen oder Feilhalten. Denn auch hier ist es lediglich die Kenntnis des Verfahrens, die in den Verkehr gebracht wird. Eine Nachbenutzung ist nicht möglich, weil es an einer Vorbenutzung fehlt. Kommt es tatsächlich zu einer Benutzung des Verfahrens durch andere Sachverständige, so erfolgt diese nicht nach Vorbild, sondern hat in der überlieferten Beschreibung, dem Rezepte, ihren Grund.

Wird die Erlaubnis zur Benutzung des Verfahrens erteilt, so enthält auch dieser Vorgang kein Inverkehrbringen des Verfahrens.

Liegt der Erteilung der Erlaubnis ein Recht an der Erfindung zugrunde, und ist die Erlaubnis (Lizenz) gegen Entgelt erteilt, so ist durch die Lizenz lediglich das Recht an der Erfindung verwertet. Nur aus diesem Rechte oder in gewissem

---

so müßte bei der Erfindung eines körperlichen Gegenstandes auch in dem Inverkehrbringen einer Beschreibung dieses Gegenstandes eine Benutzung der Erfindung erblickt werden.

Sinne, auch aus dem Akte der Erfindung, ist Nutzen gezogen, nicht aber das Erfundene, nämlich das Verfahren selbst, nutzbar gemacht. Nach dem Gesetze ist aber eine Benutzung der Erfindung, d. h. des Erfundenen, nicht eine Benutzung des Rechts an der Erfindung, erforderlich, um der Erfindung die Neuheit zu nehmen. Die Benutzung der Erfindung wirkt neuheitsschädlich wegen der tatsächlichen Bedeutung, welche die Benutzung als solche hat, ohne Rücksicht auf die rechtliche Natur dieser Benutzung. Die bloße Erteilung der Berechtigung zur Benutzung kann folglich noch keinen Akt der Benutzung bilden, und auch die Anstiftung zur Benutzung ist noch nicht die Benutzung selbst. Wird beliebigen Personen, die als solche den Verkehr repräsentieren, die Erlaubnis zur Benutzung der Erfindung erteilt, so ist damit zwar durch die beigegebene Beschreibung die Möglichkeit gegeben, daß die Erfindung im Verkehr nutzbar gemacht wird. Diese Möglichkeit ist aber bei jeder Beschreibung vorhanden. Die demnächst etwa folgende Benutzung durch den Verkehr beruht dann lediglich auf der Beschreibung; sie ist keine Nachbenutzung, d. h. keine nach Vorbild erfolgte, sondern eine originäre Benutzung. Sie setzt überhaupt nicht voraus, daß ihr eine Benutzung seitens des Lizenzgebers voraufgegangen ist. Auch die Erlaubnis des Lizenzgebers macht sie nicht zu einer Nachbenutzung. Wird die Lizenz unter Vorführung des Verfahrens selbst angeboten, so kommt es darauf an, in welchem Sinne die Vorführung erfolgt. Dient sie lediglich der Beschreibung, so hat sie auch nur die Bedeutung einer solchen. Erfolgt sie hingegen in einem Vorgange der Nutzbarmachung des Verfahrens, so ist schon der hierin enthaltene Gebrauch der Erfindung, insofern er offenkundig erfolgt, neuheitsschädlich.

Ist die Erlaubnis zur Benutzung des Verfahrens seitens einer unberechtigten Person erteilt, so liegt darin ebensowenig ein Benutzungsakt, wie in der Erteilung der Erlaubnis durch die dazu berechtigte Person.

Auch bei einem Verfahren handelt es sich in der Regel um körperliche Gegenstände, mit denen oder in Bezug auf welche das Verfahren zur Anwendung gebracht wird. Indessen liegt darin, daß diese Gegenstände in den Verkehr gebracht werden, kein Inverkehrbringen des Verfahrens. Das Verfahren besteht ja nur in einer ganz bestimmten Anwendung des Gegenstandes, der an und für sich auf die verschiedenste Weise gebraucht werden kann. Die Herstellung des Gegenstandes und sein Inverkehrbringen ist noch keine Benutzung des Verfahrens; denn die Benutzung des Verfahrens setzt erst mit dem Augenblicke ein, mit welchem der die Erfindung bildende eigenartige Gebrauch des Gegenstandes beginnt. Da also die Lieferung noch keine Benutzung des Verfahrens bildet, so ist es auch ohne Bedeutung, ob sie gerade zu dem Zwecke erfolgt, um damit die Anwendung des Verfahrens zu ermöglichen. Die Lieferung ist hier nur ein vorbereitender Akt, ebenso wie auch der Beginn der Herstellung eines erfundenen körperlichen Gegenstandes nur ein vorbereitender Akt ist. Wird demnächst der gelieferte Gegenstand tatsächlich zum Verfahren benutzt, so ist diese Benutzung keine Nachbenutzung, sondern eine selbständige Benutzung, die als solche allerdings neuheitsschädlich sein kann. Mag selbst eine Benutzung dieses oder eines gleichen Gegenstandes beim Vorbesitzer schon stattgefunden haben, keinesfalls war sie für die nach der Lieferung erfolgte Benutzung vorbildlich. Es kommt deshalb auch nicht darauf an, ob etwa durch eine dem gelieferten Gegenstande beigefügte Gebrauchsanweisung die Möglichkeit einer Benutzung des Verfahrens durch andere Sachverständige gegeben ist, weil die etwa folgende Benutzung nicht in einer schon stattgehabten Vorbenutzung, sondern in der Gebrauchsanweisung, also in einer Beschreibung begründet ist.

Macht der gelieferte Gegenstand, z. B. eine Maschine, durch seine äußere Einrichtung erkennbar, welches die Art des Gebrauchs ist, dem er dienen soll, so wird durch seine Lieferung zwar auch in diesem Falle das Verfahren an und für sich nicht benutzt. Indessen kommt hier in Betracht, daß der gelieferte Gegenstand selbst durch den Akt des Inverkehrbringens seine Neuheit verloren hat. Ist aber der körperliche Gegenstand seiner besonderen Einrichtung nach bekannt geworden, so ist auch das in seiner Anwendung bestehende Verfahren nicht mehr patentfähig, wenn das Verfahren als solches dem bekannten Gegenstande gegenüber nichts Eigenartiges mehr bietet. Hier ist also die Lieferung des Gegenstandes mittelbar auch für das Verfahren neuheitsschädlich, und der Erfinder kann für das Verfahren, obwohl es als solches nicht vorbenutzt ist, ebensowenig wie für den körperlichen Gegenstand ein Patent beanspruchen. Aber nicht nur das Inverkehrbringen und Feilhalten, sondern auch schon die Herstellung des Gegenstandes kann für das in seiner Anwendung bestehende Verfahren patenthindernd sein, weil auch die Herstellung schon einen Akt neuheitsschädlicher Benutzung zu bilden vermag.

Die gleichen Grundsätze finden Anwendung, wenn ein nach dem Verfahren hergestellter Gegenstand, der die Art seiner Herstellung erkennbar macht, in den Verkehr gebracht wird; auch hier ist dem bekanntgewordenen Gegenstande gegenüber das Verfahren nicht mehr patentfähig. Denn wenn die Eigenart in dem Gegenstande selbst liegt, und nach dem als gebrauchsfertiger Gegenstand in Verkehr gebrachten Vorbilde die Herstellung von Gegenständen gleicher Art für den Sachverständigen möglich ist, so ist mit dem gemäß § 2 des PG. bekanntgewordenen Gegenstande auch seine Herstellung (also das Verfahren) ebenso wie sein Inverkehrbringen, Feilhalten und Gebrauch vom Patentschutze gemäß § 4 des PG. ausgeschlossen. Liegt hingegen nicht in dem Gegenstande, sondern in dem Verfahren seiner Herstellung das Eigenartige, so daß aus dem in Verkehr gebrachte Gegenstande das Verfahren nicht entnommen werden kann, so läßt sich das Verfahren noch unter Patentschutz stellen.

FSC
www.fsc.org
MIX
Papier | Fördert gute Waldnutzung
FSC® C083411

Kolibri 360 GmbH
Ferdinand-Jühlke-Straße 7
99095 Erfurt, Deutschland
produktsicherheit@kolibri360.de